Niños inteligentes y felices

Cómo potenciar la inteligencia

LEOPOLDO PERDOMO

Niños inteligentes y felices

Cómo potenciar la inteligencia

EDICIONES PIRÁMIDE

COLECCIÓN "OJOS SOLARES"
Sección: Desarrollo

Director:
Francisco Xavier Méndez
Catedrático de Tratamiento Psicológico Infantil
de la Universidad de Murcia

Diseño de cubierta: C. Carabina

© Leopoldo Perdomo González
© Ediciones Pirámide (Grupo Anaya, S. A.), 1998, 2001
Juan Ignacio Luca de Tena, 15. 28027 Madrid
Teléfono: 91 393 89 89. Fax: 91 742 36 61
Depósito legal: M. 11.829-2001
ISBN: 84-368-1180-1
Printed in Spain
Impreso en Lerko Print, S. A.
Paseo de la Castellana, 121. 28046 Madrid

ÍNDICE

PRESENTACIÓN

Este libro está pensado para padres ilusionados con la idea de tener hijos inteligentes. He cuidado de que sea inteligible para los lectores que no tienen conocimientos básicos de psicología ni pedagogía.

Si se acepta que la inteligencia es una mera abstracción para referirse a la existencia de *conductas útiles*, toda la discusión quedaría reducida a saber si podemos hacer que un niño adquiera, con la máxima eficacia, ese variado repertorio. Luego, nos queda discutir un poco para establecer qué cosa es una conducta inteligente. Y nos queda el valor relativo de las diferentes inteligencias. Pero eso se queda a la discreción e inteligencia del lector.

En este libro no encontrará mitología sobre *niños superdotados*. Pero vamos a estudiar la creación de diversas facetas de la inteligencia, porque creo que ésta se compone de diversas habilidades.

1
¿Qué es la inteligencia?

En este capítulo vamos discutir una definición de la inteligencia y a identificar sus variedades. Luego, hablaremos sobre su naturaleza real o virtual y, finalmente, diremos algo sobre la inteligencia especializada.

1.1. Definición y comentarios

La pregunta *¿qué es la inteligencia?* me hizo leer muchos libros y acaparó muchas horas en mis elucubraciones. Y después de darle muchas vueltas a esa pregunta, acabé mirando en el diccionario. Deseaba que mis respuestas a esa pregunta fueran más convincentes que todo lo que había leído hasta entonces. No podían contradecir mi percepción intuitiva de la realidad.

El primer problema es que la palabra inteligencia se suele usar en un contexto muy abstracto. Y creo que esa abstracción viene determinada, en parte, de un modo artificial. Así que es raro ver que se discuta la inteligencia en sus diversos aspectos.

Y confieso que me ha resultado de más información el diccionario que algunos de los libros leídos.

Si miramos el diccionario, tras la palabra «inteligencia» se dice:

1. *Capacidad de entender o comprender.*
2. *Conocimiento, comprensión, acto de entender.*

3. *Sentido en que se puede tomar una frase, o un dicho.*
4. *Habilidad, destreza y experiencia.*
5. *Correspondencia o pactos secretos entre personas o países.*

Armados con estas definiciones, nos damos cuenta de inmediato que el *significado principal* de la palabra se relaciona con el lenguaje. Cuando hablamos de *entender* o *comprender* estamos haciendo alusión a mensajes hablados o escritos. O bien nos referimos a signos cargados de significado, como un semáforo, un signo de tráfico, una señal de peligro, etc. De hecho, el lenguaje hablado es un código que asocia objetos, seres, hechos o acciones con los sonidos de las palabras. Y el lenguaje escrito es un código de signos gráficos (las letras) asociados a los sonidos y palabras concretas de algún idioma.

1. *Capacidad de entender o comprender*

El conocimiento del lenguaje, que se supone al alcance de cualquiera, tiene una dimensión que raramente se comenta. Cualquier idioma moderno tiene tal cantidad de palabras que algunos mensajes pueden resultar incomprensibles para el hombre medio. Éste sólo usa 1.000 o 2.000 palabras en los intercambios verbales ordinarios. Y, en general, sólo entiende 8.000 o 10.000 palabras de media al leer. Pues bien, un buen diccionario de español, francés o inglés, tiene entre 80.000 o 100.000 palabras. Y contando las diversas acepciones por palabra, eso puede representar entre 240.000 y 300.000 significados diferentes.

El conocimiento del lenguaje es relativo. Cuanta más inteligencia se tiene, mayor es el conocimiento del idioma. El adulto muy inteligente puede conocer de 30.000 a 40.000 palabras y sus principales acepciones. El adulto medio, cosa de 8.000 a 10.000. El conocimiento del lenguaje del hombre medio deja de incrementarse entre los 15 y 20 años de edad. Pero los hábitos de lectura y estudio pueden prolongar la adquisición de vocabulario.

2. Conocimiento, comprensión, acto de entender

Esto se refiere a un repertorio, o catálogo de hechos, correlaciones, operaciones, asociaciones, personas, etc., que hay que aprender (memorizarlas bien) por diferentes razones. El *código* portador de estos conocimientos está hecho de palabras. Aunque también existen conocimientos expresados por símbolos gráficos, como mapas, fotos, diagramas, tablas de comparación, etc. Pero los hemos adquirido asociados a mensajes verbales y operaciones.

La escuela tiene un programa para transferir este repertorio de conocimientos y examina con frecuencia a los alumnos para determinar su futuro académico. No voy a discutir la utilidad relativa de los diferentes elementos del *currículum* escolar.

Adquirir conocimientos en grado óptimo no tiene nada de sencillo. A medida que los estudiantes de grado superior demuestran una mayor capacidad de asimilación, suben el listón otro par de centímetros. Y es que tienen necesidad de poner un límite a las titulaciones. De esto resulta que un estudiante ambicioso no puede limitarse a *cumplir* el programa escolar con escaso entusiasmo, sino que debe llevar a cabo un entrenamiento intensivo, meticuloso y premeditado, sin el cual le será casi imposible terminar las carreras más protegidas.

3. Sentido en que se puede tomar una frase

Está claro que ciertos dichos o palabras se refieren, con frecuencia, a algo diferente de su sentido aparente.

Es el caso de las metáforas y la codificación oculta. Aparentan hablar de una cosa y se refieren a otra.

Habitualmente, el mensaje está codificado con el fin de limitar el número de receptores potenciales. Esto tiene relación con la restricción propia de la cultura y de las clases sociales. Resulta una especie de jerga. Las clases superiores tienden a guardar el núcleo más valioso de sus conocimientos porque éstos determinan una parte del rango social.

Hace unos milenios, el currículum escolar estaba cargado de conocimientos inútiles. Éstos definían un estatus social y los aspectos utilitarios de la escuela no iban mucho más allá de la lectura, la escritura y el cálculo aritmético. Y aunque en los últimos 300 años se incrementaron mucho los conocimientos útiles, la carga fundamental de los estudios no era más que pura cháchara culterana.

Los que tengan más de 50 años recordarán la escuela por su memorización de los afluentes de los ríos, los partidos judiciales y otras zarandajas. Así que los conocimientos más valiosos no suelen estar a la vista del estudiante. Están perdidos en medio de la hojarasca. Éste los debe buscar impelido por preguntas como ¿esto qué significa?, ¿de donde lo deducen?, ¿qué relación tiene esto con algo real? Estamos hablando del estudio como si se tratará de una adquisición de habilidades tecnológicas u objetivas. Pero, en todas las carreras, el volumen de la hojarasca es considerable.

4. *Habilidad, destreza y experiencia*

Desde la escuela primaria hasta las universidades y escuelas tecnológicas, se enseñan ciertos aspectos utilitarios del conocimiento. Pero esta enseñanza está fundada, sobre todo, en la memorización de palabras y rutinas, y, con frecuencia, los estudiantes no entienden lo que están memorizando.

De hecho, el joven adquiere una gran parte del conocimiento técnico real en los centros de trabajo. En las culturas más primitivas, donde no existe la escuela, esta transmisión de conocimientos técnicos se aprende sobre el campo con la familia real o adoptiva. Tal sería el caso de las culturas pastoriles, las de los pescadores, y las de los cazadores recolectores de la tundra, el desierto y las selvas ecuatoriales.

5. *Correspondencia o pactos secretos entre personas o países*

Ya hemos comentado la utilidad y la función del secreto y la ocultación lingüística en los seres humanos y no voy a añadir más comentarios.

Por eso concluyo diciendo que:

> **La inteligencia es la suma de las habilidades adquiridas en la medida que son útiles para la supervivencia o el bienestar del grupo social y el individuo.**

Dentro de esta definición, la palabra *habilidades* se refiere a los diversos repertorios de *hacer algo útil*.

Si definimos la inteligencia como el *conjunto de las conductas* **útiles** *adquiridas,* tenemos que la definición se restringe a las habilidades que sirven al grupo social y al individuo. Esto hace que el concepto inteligencia tenga un valor relativo. Es decir, no se puede comparar la inteligencia de un físico nuclear con la de un cazador del Kalahari. No hay manera de hacer un test universal de inteligencia que sirva para ambos al mismo tiempo. Lo que es inteligente en el desierto no sirve de nada en el laboratorio, y viceversa. La inteligencia tiene su valor en relación con el medio donde se vive.

1.2. Inteligencia real y virtual

Respecto a los conocimientos, existen diferentes subdivisiones. En general, se habla de «ciencias» y de «letras». Y ésta es una división muy general. Luego vienen otras subdivisiones que no voy a comentar.

Hay algo diferente entre estudiar ciencias y estudiar letras. En las ciencias, los modelos deben tener una buena correspondencia con los hechos, sean estos mensurables o descriptivos. Cuando existen diferentes modelos que explican una misma cosa, eso indica cierta inmadurez del conocimiento.

Y en los estudios llamados de letras, o humanidades, existe también cierta inmadurez. Las hipótesis y postulados de estas ciencias son muy difíciles de probar. En letras se suele hablar de la verdad, la justicia, el bien y el mal que son conceptos sin magnitudes conocidas.

Una primera aproximación al proceso de «aprender» nos lleva al concepto memorizar. Al aprender el lenguaje memorizamos el sonido de las palabras asociándolo con los objetos. En un estadio posterior somos capaces de aprender innumerables cadenas de palabras referidas a un asunto u otro. En un principio, no existe mayor problema para esta tarea. Pero, a medida que se sobrecarga la memoria, empiezan a presentarse problemas de discriminación. En casos así, se dice que el estudiante confunde la gimnasia con la magnesia. Esto es un defecto de la memorización. A medida que crecen los conceptos a memorizar aumentan los problemas.

Las matemáticas, en general, se enseñan de un modo

abstracto. Se le van presentando al alumno algoritmos y más algoritmos, pero, con escasas conexiones entre ellos y con escasa atención a la lógica que los justifica. Este modo de enseñar presenta una analogía con la programación de una máquina calculadora. Al sujeto le enseñamos una rutina y lo programamos para ejecutarla ante ciertos estímulos verbales. Esto aleja al alumno de la verdadera intelección porque no sabe lo que hace. En general, la escuela pone escaso interés por mostrar, o aclarar, los fundamentos de los algoritmos y las operaciones de rango superior. Recuerdo un profesor de matemáticas que me decía: *Esto es un dogma de fe. Sólo hay que creerlo.* Era insultante.

Conocimiento real

Cuando aprendemos, con nuestra propia experiencia, la relación que existe entre ciertos elementos de la realidad y un conjunto de palabras, o entre algunas operaciones reales con objetos contables o dimensionados y los símbolos matemáticos correspondientes, podemos decir que *tenemos un* **conocimiento real** *de algo.*

Este *conocimiento real* es por fuerza un conjunto limitado, pues no tenemos tiempo ni capacidad mental suficiente para otra cosa. La adquisición de conocimientos presupone su memorización. Para ello, damos entrada a un fragmento de información y luego tratamos de recuperarlo *recordándolo*. Al recordarlo, tratamos de recuperar el fragmento en su totalidad cuando es posible. Y esto debe intentarse una y otra vez para asegurarnos de la fiabilidad de la memorización.

A medida que crece el número de elementos a memorizar es necesario disponer de más tiempo. Este tiempo es necesario para adquirirlos (darles entrada por la lectura o la audición) y para extraerlos de nuevo, una y otra vez, en ese día y en las próximas semanas o meses, a fin de verificarlos. Sin este ejercicio de extracción frecuente, los datos se pierden y la memoria se extingue. La extinción de la memoria sobre un conjunto de datos es un proceso lento. Cuando empieza a extinguirse se notan fallos parciales en la recuperación de los modelos. Es por eso que se usan los registros escritos. Para compensar las deficiencias de la memoria.

Conocimiento virtual

El *conocimiento virtual* indica que no sabemos, *por nosotros mismos*, si una cosa es cierta o no. Estos asuntos virtuales dependen de la autoridad o la inteligencia de otras personas. Parece que sabemos algo porque recitamos las palabras de un asunto o trazamos sobre un papel los símbolos de un algoritmo; pero, si no tenemos manera de verificarlo, es un conocimiento virtual. Esto es un problema, pues en este saco te pueden meter cualquier camelo, o te pueden llenar la cabeza de datos irrelevantes. No propongo que cada uno invente la rueda por su cuenta. Al fin y al cabo, la rueda tiene una existencia evidente. Sólo propongo desconfiar un poco de las cosas o los hechos que no hemos visto personalmente. Sin embargo, las «verdades» basadas en meras palabras deben tomarse por sospechosas. Aldous Huxley decía con sarcasmo, «veinte mil repeticiones hacen una verdad». Un dicho pasa por verdad a fuerza de ser repetido. Y ciertas afirmaciones las vemos continuamente en discusión. La tendencia normal es creer lo que se repite y desconfiar de lo que está muy discutido. Sin embargo, ninguna de estas situaciones nos informa sobre la certeza de lo que se afirma.

Existen afirmaciones que no se merecen que nos molestemos en verificarlas. Por ejemplo, ¿para qué vamos a discutir la población de Nueva York, o la altura del monte Kilimanjaro? Alguien puede tener la necesidad de esa exactitud, pero se trata de un caso raro. Por el contrario, necesitamos un *conocimiento real* de las matemáticas, y tiene sentido conocer los diferentes razonamientos que justifican los algoritmos y la obtención de los números trascendentes. Este tipo de conocimiento es más virtuoso que limitarse a memorizar, sin más, esos algoritmos y esos números.

Como no podemos juzgar la validez de un conocimiento virtual, al aceptarlo, somos como máquinas automáticas cuya inteligencia depende de un programa de inteligencia ajena. Con frecuencia, los críticos menosprecian a las computadoras diciendo que son estúpidas. Pero, aunque las computadoras no tienen inteligencia propia, los seres humanos la tenemos también prestada. Así que no veo de donde les viene el orgullo a esos críticos.

Los humanos, al igual que las máquinas, tenemos una inteligencia limitada. La limitación humana viene impuesta por el tiempo necesario para memorizar y mantener los datos almacenados. Y ese tiempo es limitado. Gran parte de los conocimientos adquiridos *son virtuales*. Es decir, están previamente elaborados, y el estudiante no participa ni en su análisis ni en su discusión; sólo tiene que aceptarlos como un dogma más.

1.3. Inteligencia especial

No podemos saberlo todo. De modo que si queremos ser responsables de lo que sabemos, debemos entrenarnos intensamente en la adquisición de una especialidad.

Esto limita el trabajo a un conjunto discreto de elementos. Gracias a esta limitación, podemos hacer un gran esfuerzo para indagar y penetrar en el conocimiento de una parte de lo que se estudia en cierta especialidad.

Esto implica que debemos saber muy temprano, a los 10 o 12 años, qué clase de carrera queremos hacer. Es lo que se llama tener una *vocación*. La vocación no se genera por sí misma. Se trata de un germen implantado y alimentado por ciertos agentes del entorno: padres, parientes, maestros, etc. Pero sólo si se adquieren las conductas precisas se puede llevar a buen fin una vocación.

Los estudios especiales no deben impedir la adquisición del programa establecido en los niveles primarios y secundarios de la enseñanza. Piense que se usan como mecanismo de selección para definir quien estudia y quien no. Por tanto, el alumno bien programado sabe que le debe un respeto al programa básico y tratará de obtener unas calificaciones decentes en todas las asignaturas. Pero con respecto a los temas de la especialidad elegida, debe adelantarse mucho para adquirir la inmensa cantidad de conocimientos que se precisan. Si no lo hace así se verá sobrecargado y en la frontera del fracaso al hacer una carrera de algún valor.

Resumen

Para empezar, hemos usado la definición de inteligencia que nos presta el diccionario. Eso nos ha permitido considerar la importancia del lenguaje como vehículo portador de significados. Hemos comentado sobre la adquisición de fragmentos cognoscitivos y sobre el detalle que muchos de estos datos eran irrelevantes y sólo servían para definir un estatus social. Se mencionó la existencia de una codificación semántica para dificultar la difusión del mensaje y ocultar la información. Se resumía este epígrafe diciendo que la inteligencia era *la suma de las habilidades adquiridas*, en cuanto son *útiles para la supervivencia del grupo y el individuo*. Y se concluyó que la inteligencia tenía un valor relativo en función del ambiente social y físico.

Luego consideramos la *inteligencia real* y *virtual*. Se razona que la inteligencia más valiosa es la inteligencia real, aunque se considera inevitable la posesión de cierto volumen de inteligencia virtual. Esto es debido a que no tenemos tiempo de verificarlo todo y a que ciertos asuntos son imposibles de verificar.

También se habló de la inteligencia especializada y el enorme coste de trabajo necesario para adquirirla. Por esto se precisa un mecanismo conocido como *vocación*. Sin ella, el estudiante no haría el esfuerzo preciso para adquirir la inmensa cantidad de conocimientos y corre el riesgo de fracasar.

2
El origen de la inteligencia

Tras los comentarios del capítulo anterior, nos enfrentamos a una pregunta con más de 2.000 años.

¿La inteligencia, nace o se hace?

Esta pregunta ha levantado muchas polémicas. Los esclavistas negros del sur de los Estados Unidos defendían la tesis de que los negros eran como bestias salvajes, y que por ese motivo no podían aprender a leer. Pero cuando aparecía algún esclavo *mutante* que aprendía, lo ahorcaban sin pensárselo mucho.

En el bando contrario, los liberales y socialistas presentaban una postura más piadosa y defendían la tesis de que la inteligencia es de origen ambiental.

Se observa que la gente inteligente suele tener hijos inteligentes. Y esto pasa por una transmisión genética de la inteligencia. Los que defienden esta tesis dicen que la inteligencia es, sobre todo, innata. Así que, con un poco de humor, se les puede llamar *innatistas* o *genetistas*.

De la otra parte, se dice que los padres inteligentes pueden usar su inteligencia para educar mejor a sus hijos y que esto se refleja en los resultados. La escuela eleva los conocimientos y las habilidades de casi todos, *en mayor o menor medida*. Ambos hechos permiten invocar el poder del ambiente para incrementar la inteligencia. Los que alegan esta tesis se pueden llamar *ambientalistas*.

2.1. Argumentos ambientales

Mi postura es ambiental, pero reconozco que algunas anomalías de origen genético dificultan la adquisición de conocimientos. Pero a la gente con problemas de visión les ponemos gafas. A los sordos de grado medio les ponemos una prótesis auditiva. Y existen programas para aliviar el problema de los sordomudos, para mejorar la conducta de los niños autistas y la de aquellos que padecen el síndrome de Down.

Pero existe una *paradoja ambiental* según la cual:

> **Cuanto más sabe un niño, más fácil le resulta seguir aprendiendo.**

Ahora bien, esto suele trasponerse diciendo: *Cuanto más inteligente es un niño, mejor aprende.* Y es que la palabra inteligencia es sinónima de saber y entender. Y esto nos recuerda la pescadilla que se muerde la cola.

De todo esto resulta que el ambiente escolar no puede ser aprovechado *con igual eficacia* por niños con diferentes niveles cognoscitivos.

> La historia de cada niño ha ido creando una magnitud diferente de su capacidad y su interés por aprender.

Aquí presento una tesis sobre cierta familia de curvas de adquisición de conductas

Estas curvas representan una situación idealizada. En el eje de las X tenemos la edad del sujeto y en el eje de las Y la conducta relativa que se va adquiriendo en todo ese tiempo. Estas curvas podrían representar la habilidad

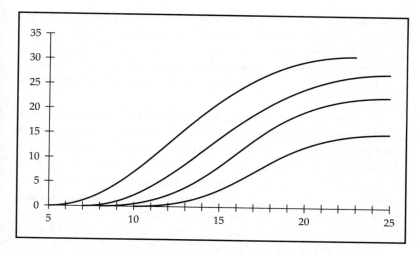

Figura 2.1.—Curvas de adquisición.

de ciertos grupos en el lenguaje, las matemáticas, la música, etc. Cada grupo empieza su entrenamiento a una edad diferente. No existen valores normalizados para esta medida, pero se puede crear un test para cada habilidad.

En mi opinión, el entrenamiento acumulado aprendiendo transforma la estructura cerebral. Esto facilita que se pueda aprender más y mejor. No es nada que no sepa un entrenador deportivo. Según se va entrenando un sujeto, mejora su capacidad física y cada vez puede ir haciendo las cosas mejor. Esta capacidad va creciendo hasta cierto límite. Al aproximarse a éste, la pendiente de adquisición tiende a cero.

Se trata de presentar la idea de que existen diversos niveles de eficacia en los procesos de adquisición. Y por otra parte, trata de expresar algo relativo a las ventajas asociadas con la *precocidad relativa* a la cual se empieza un programa de entrenamiento. La gráfica sugiere que las conductas iniciadas tardíamente se adquieren con menos eficacia y también que los niveles límite, cuando las pendientes tienden a cero, tienen valores diferentes. Esta familia de curvas puede definir cualquier clase de conducta, tanto si es deportiva como musical o cognoscitiva.

La demora para iniciar el principio del entrenamiento hace que el sujeto aprenda otras cosas. Así que en el cerebro se construyen otras estructuras que compiten con el aprendizaje deseado. Cuando iniciamos un programa de conducta, el sujeto ya posee otras conductas que pueden ser antagónicas de la que deseamos instalar. Como consecuencia, esas conductas indeseables necesitan extinguirse. Si no sabemos hacerlo, no vamos a tener éxito.

Si dependemos de la escuela para establecer un programa de inteligencia, estamos vendidos. La escuela tiene en esto una influencia más bien escasa. Lo más que se consigue en ella es una discreta alfabetización y un poco de lenguaje y aritmética. Sin embargo, la escuela funciona bastante bien cuando su acción se complementa con el *reforzamiento* de la conducta estudiosa por parte de los padres.

Podemos imaginar dos historias paralelas. Son dos niños de la misma edad que llevan tres años estudiando violín con un viejo profesor polaco. El niño A toca bastante bien y el otro, B, es más mediocre. Se cree que éste tendrá que repetir el curso. Ninguno de los dos niños se puede calificar de un genio musical y los padres de ambos niños tampoco saben nada de música.

Cuando empezaron las clases, el niño A tenía entre 15 y 20 horas de aprendizaje con la tía Eduvigis (ella estudió unos años de violín) y el niño B sólo sabía el nombre del instrumento. Ahora bien, una de las cosas más difíciles de aprender en un violín es el *afinamiento*. Éste consiste en aprender a poner los dedos en el lugar correcto para emitir los tonos apropiados, y los profesores pierden poco el tiempo con esto porque resulta una tarea muy pesada. De modo que el niño A tiene una gran ventaja: la tía Eduvigis educó al niño en los principios del afinamiento durante quince o veinte horas. El niño B no ha tenido tanta suerte.

¿De donde viene que estos niños estén aprendiendo violín? La madre del niño A quiere que su niño se parezca a un pretendiente que tuvo, famoso violinista. Tiene muy gratos recuerdos de él y le quedó una gran afición por el violín. Cuando el niño A ensaya sus lecciones, la madre se pasa 15 o 20 minutos embelesada mirando a su hijo. Piensa que será un guapo violinista que ganará mucho dinero. También le da frecuentes atenciones verbales y le acaricia mucho por causa de la música. Al padre, esto le parece exagerado, pero lo acepta sin comentarios. Varias veces por semana la tía Eduvigis se pasa media hora con el niño y le alaba por los avances logrados diciendo que son espectaculares.

El niño B se ha metido en esto del violín por un raro capricho del tío Eufemio que no tiene hijos. No sabemos de donde le viene a este hombre la afición; pero sabemos que no es músico. El tío Eufemio consiguió meter al niño B en esto del violín porque ayuda con frecuencia a la familia en asuntos económicos y además le paga las clases. A la madre del niño le desagrada el sonido del violín porque chirría y al padre sólo le gusta el fútbol. Pero el tío Eufemio viene dos o tres veces por semana para ver al niño tocando el violín. También le da muchas atenciones y algún dinero para sus gastos.

Como consecuencia de estas atenciones, estos niños son capaces de ensayar lo suficiente para ir tirando. Pero el niño A ensaya entre 50 y 70 minutos diarios y el niño B entre 20 y 40 minutos. Aunque algunos días B se olvida de ensayar y se pone con su padre a ver el fútbol. Ninguno de los dos niños ensaya los sábados o los domingos. Son días de descanso para los oídos fatigados de la familia.

El programa oficial de música, en los primeros cursos, es difícil de llevar año por año, a no ser que el alumno se ejercite entre 5 y 7 horas semanales. Es por eso que el niño B se ha ido retrasando y se cree que va a repetir curso el año próximo. El niño A, si no consigue entrenarse un poco más, puede tener dificultades pasados dos o tres años. La madre de A *no sabe* que se precisa más trabajo para hacer esta carrera. A causa de esta ignorancia no intensifica su enamorado control sobre el niño para conseguir que se entrene más tiempo.

Si trasladamos este par de historias a la escuela, podemos pensar que *el niño inteligente* ha sido adiestrado por sus padres en la adquisición de habilidades cognoscitivas. Y han empezado muy pronto, enseñándole a hablar bastante y a razonar. También le enseñan a contar, a sumar pequeñas cantidades y a restar. Le enseñan, cuando menos, un poco de las letras y los números. También le enseñan a hacer garabatos y dibujos. Y todo esto lo hacen mucho antes de que vaya al parvulario. También nos imaginamos que, cuando este niño vaya a la escuela, los padres seguirán interesándose por las cosas que aprende cada día. Le harán preguntas sobre esto y lo otro y le pedirán que explique los conceptos aprendidos a fin de tener oportunidades de alabar la inteligencia del niño. Y si no trajo deberes escolares se improvisan en casa. También le leen cuentos al niño con frecuencia y le piden que los comente y los repita. Y le hacen preguntas para que recuerde las partes que faltan de la historia.

No es de extrañar que ya desde el parvulario, se manifiesten diferencias notables del repertorio cognoscitivo entre los niños. Podemos encontrar en el ambiente doméstico el origen de esas diferencias. Además, este ambiente es sencillo de analizar y de observar, pues tiene un número limitado de variables. Pero si fuéramos a investigar sobre las pistas de la inteligencia genética, lo tendríamos muy difícil. Piense que una simple bacteria tiene entre 1.000 y 2.000 genes.

La inteligencia del niño va a depender mucho de la manera que tengan los padres de educarlo. Y si se sienten perezosos, van a adoptar la tesis de que la inteligencia está determinada genéticamente.

2.2. Argumentos genéticos

Los *genetistas* ven las diferencias intelectuales de los niños como una prueba de que existe una *diferencia genética* en la facilidad para aprender. Esta diferencia se debe a cierto «artefacto interno» de su cerebro determinado genéticamente. A este *artefacto* le llaman inteligencia.

Respecto al mito de la inteligencia genética, hay un relato en el libro *La República* de Platón. Atenas está metida en la Guerra de Peloponeso, la democracia está desprestigiada y algunos tratan de crear una ideología favorable a la aristocracia. Así que Sócrates se inventa una fábula que se resume con estas palabras: *El Rey es una persona de oro y sus ayudantes y oficiales son hombres de plata. Las gentes que deben trabajar son personas de bronce y hierro.* Entonces, Sócrates le pregunta a Glaucón: ¿Crees tú que la gente se creerá esto? Y Glaucón contesta: *Esta generación tal vez no se lo crea, pero si repetimos esta historia una y otra vez, puede que se lo crea la próxima generación o quizá la siguiente.*

Desde mediados del siglo XIX, cuando se apagaron los ecos de la Revolución Francesa, algunos individuos de rango superior, propensos al delirio científico, empezaron a buscar una justificación a sus privilegios. Para ello, necesitaban una teoría con apariencia científica que demostrara que siendo los pobres *muy inferiores* en inteligencia, no tenía sentido otorgarles la *Egalité*, ni la *Fraternité*. Y con tan poca inteligencia ¿para qué quieren la *Liberté?* Para esto se inventó la falsa ciencia de la *craneometría*. Según ella, el Hombre Blanco tiene el cráneo de mayores dimensiones y se halla en la cumbre de la inteligencia evolutiva. Y esto se propalaba en libros y periódicos. Se apuntaban como seres inferiores a los negros, los mongoloides y los amerindios. Toda esta gente tenía una inteligencia ligeramente superior a la del chimpancé. A la gente común, de raza blanca, esta teoría le resultaba atractiva. En los Estados Unidos, a fines del siglo XIX, la teoría tiene ya un gran prestigio. Fue la época en la que se empezó a hablar de los inmigrantes europeos y se decía que eran *la escoria* de la raza blanca. Hicieron una intensa propaganda pidiendo que se negara la entrada en el país a toda esa *basura* del sur de Europa y de las regiones «alpinas». Estos inmigrantes llegaban a Nueva York, famélicos e ignorantes y el profesor Goddar les hacía un *test visual* de inteligencia. Este *sabio* se había hecho un experto en detectar a los seres inferiores con una simple mirada. Además, esta gente era tan inferior que vestían harapos y no sabían una palabra de inglés. Y al verlos en ese estado, concluyó que el 80 por 100 de estos inmigrantes eran *débiles mentales*. A la gente modesta no le extrañaban estas afirmaciones, pues la abundancia de inmigrantes famélicos abarataba demasiado el precio de su trabajo. A finales de siglo XIX, ya se hablaba en los cenáculos elegantes de la «basura blanca» local. Y se comentaba con sorna la «inferioridad natural» de las mujeres y su pequeña cabeza.

Esta tesis tenía mucho prestigio entre los cabezones, que suelen ser gente alta. Pero, lamentablemente, algunos científicos eran bajos de estatura y tenían el cráneo pequeño. En consecuencia, empezaron a dudar de la respetabilidad científica de la craneometría.

Así que yo defiendo la tesis siguiente: si la *inteligencia genética* es muy importante para la supervivencia, en 100 generaciones todos los pueblos primitivos estarían hinchados de inteligencia, pues nadie podría sobrevivir sin esa inteligencia genética, y menos aún los salvajes africanos o los amazónicos. Éstos habrían de tener mucha inteligencia genética o, de lo contrario, serían exterminados por un medio tan hostil.

Esta afirmación mía se da de narices con las ideas racistas de los *craneómetras* y sus continuadores del siglo XX. Éstos creían que los pueblos primitivos eran unos retrasados mentales, más cercanos a la inteligencia de los primates que al Hombre Blanco, ser de *estatus superior*.

2.3. El test de inteligencia

A principios del siglo XX la *craneometría* fue perdiendo fuerza y se vio sustituida por los tests de inteligencia. Éstos también trataban de probar que la inteligencia es una cosa innata. En general, los primeros que empezaron con los tests de inteligencia en los Estados Unidos parecían racistas influidos por la craneometría. Después de la Segunda Guerra Mundial, muchos se sintieron avergonzados de las tesis racistas y las abandonaron. Pero cada vez que hay un reforzamiento emocional de las ideologías conservadoras, renacen las teorías de las «razas inferiores».

En los tiempos modernos ya no basta con un simple

test de inteligencia. Ahora la cosa genética va de algoritmos estadísticos. Esto permite a los autores de esta propaganda citarse los unos a los otros, creando una red de prestigios científicos. Es un estado similar a la craneometría. Se puede mencionar el caso del inglés Cyril Burt que, para defender su tesis, no tuvo empacho en inventarse los datos sobre 151 parejas de gemelos idénticos. Éste era un envite muy potente, pues los gemelos idénticos son algo así como la clave del arco en la teoría genética de la inteligencia. Los datos de Burt se siguen invocando todavía por algunos *genetistas despistados*. Otros trabajos genetistas no son falsificaciones formales, pero son estudios muy chapuceros desde el punto de vista epistémico.

El truco más usado en los temas de inteligencia es que evitan definirla de un modo explícito y manejan el concepto como si fuera una abstracción. Si la inteligencia es un concepto atómico, no se puede descomponer en elementos reconocibles de conductas diversas. Y de ese modo se presenta como una cosa abstracta. Desde mis primeras lecturas sobre los tests de inteligencia de Lewis Terman, me chocó que evitara definir *esa cosa* que medía el test. Hoy entiendo que no la definían porque querían *abstractarla* bien. Es decir, volverla tan abstracta como fuera posible. Con ayuda del test, la inteligencia deja de ser una simple palabra abstracta para convertirse en un número. Ya no es una palabra discutible cualquiera; ahora es también un número. Así, la inteligencia queda sacralizada por el prestigio de las matemáticas. Ahora simula ser una cosa exacta e indiscutible.

¿Qué es un test de inteligencia?

Un test de inteligencia es una batería de preguntas sobre temas de lenguaje, de lógica, de operaciones con magnitudes, o sobre secuencias con símbolos (gráficos o fonéticos). Dicho en palabras técnicas, *el test es una batería de preguntas sobre operaciones simbólicas.*

Con este test tratan de medir el número de respuestas acertadas de una persona. Se dan valores a cada respuesta acertada, se suman esos valores y se divide por la edad cronológica de la persona. A eso le llaman *cociente de inteligencia* o CI. Pero, a partir de los 16 o 20 años, la gente va olvidándose de algunas cosas aprendidas mientras aprende otras. Digamos que la pendiente de adquisición se aproxima a cero. Sabiamente, el señor Terman puso un límite, 16 años, para la edad cronológica. Con esa limitación se evita que el cociente de la inteligencia vaya en descenso a partir de los 16 o 20 años. Con esto se pretende probar que la inteligencia es un don estable para cada persona y que no cambia con el tiempo. Mi opinión es que algunos adultos ven aumentada su inteligencia (esa que se mide con el test) más allá de los 20 años, aunque otros la ven reducida. Depende de su modo de vida.

Los tests no miden las cosas que hayan podido ser memorizadas mecánicamente, sin entenderse. Sólo se proponen preguntas y problemas que presentan una *discreta analogía* con las secuencias simbólicas y las operaciones que se aprenden en casa o en la escuela. Los problemas más comunes son operaciones con magnitudes o con fragmentos de lenguaje. Además, los problemas se presentan verbalmente o por escrito. Otros tests, llamados de matrices, piden adivinar el orden implícito de unas secuencias simbólicas. Estas secuencias pueden ser basadas en números o en pictogramas. Las respuestas indican el grado en que la persona conoce los usos y la lógica de esos símbolos. Pero esta adquisición no es innata. Depende del entorno cultural de la persona en su casa. Aunque algunos sólo tienen la escuela para aprender estas cosas.

Por eso digo que:

El test mide la familiaridad de una persona con el manejo de *conceptos lógicos* elementales, referidos al lenguaje o a las operaciones con números y con otros signos gráficos.

Respecto a mi discusión de la inteligencia, en el capítulo primero, se puede decir que un test mide algunos fragmentos de *inteligencia simbólica*. Es decir, códigos de comunicación y operación. Pero no suele medirse la memorización de cadenas de palabras arbitrarias, como los afluentes de los ríos o los partidos judiciales.

Los creadores del test aconsejan *evitar la repetición* del mismo test a una persona en cortos intervalos de tiempo. Esto se hace porque temen que la persona *aprenda a responder* a las preguntas del test. Efectivamente, alguna persona que hace un test de inteligencia se puede quedar pensando sobre *esas cosas* importantes que no supo responder. La estructura del test sugiere que se trata de coger a la persona por sorpresa con asuntos o problemas poco familiares. Para solucionarlos se deben buscar analogías con los elementos del *conocimiento real* que uno tiene. En este sentido, los que estén más entrenados en la solución de problemas de lógica, operaciones y lenguaje, tienen ventaja.

Los primeros tests de inteligencia eran muy dependientes del lenguaje. Esto fue muy criticado por los *ambientalistas*. Éstos decían que esos tests no medían la inteligencia genética, sino las carencias o abundancias culturales de las familias.

Para contrarrestar esta crítica se idearon los llamados tests de *matrices progresivas*. Se alega que estos tests están al margen del lenguaje y, por tanto, los creen invulnerables a la crítica. Esto es una tontería. En un test de matrices el niño debe buscar la razón oculta en una secuencia de valores numéricos discretos, o en una secuencia de dibujos que presentan cierto orden, o cierta lógica implícita. Todos esos números, todos esos pictogramas, son símbolos. Las diferencias entre esos números, o en entre esos pictogramas, implican ciertas operaciones lógicas. Aprender este intríngulis simbólico está, más o menos, al alcance de las familias que enseñan las convenciones simbólicas. De modo que si se dan esas circunstancias, también existe un lenguaje suficiente. Es por eso que concuerdan los tests de lenguaje con los de matrices. Y volvemos al punto de partida. Estos tests sólo están midiendo las transferencias culturales entre los padres y los hijos.

Alegar que las operaciones simbólicas de los tests de matrices son ajenas a la cultura es engañar a los lectores, que no se paran a pensar en el asunto. ¿Cómo aprende el niño las operaciones simbólicas? ¿Por telepatía? ¿Por inspiración divina? Ya lo dijo el poeta:

> Asombrose un portugués
> que, desde la más tierna infancia,
> todos los niños de Francia
> supieran hablar francés.

Recientemente, se hicieron famosos dos estadounidenses, Murray y Herrnstein, con un libro muy voluminoso. Se titula *The bell curve* (La curva de Gauss) y se vendió muy bien. Se hizo famoso defendiendo la vieja tesis de que los negros son una *raza inferior* respecto a la inteligencia y los valores morales.

Sopesando las ventas, más de 700.000 ejemplares, pienso que debe haber medio millón, o más, de blancos capaces de sentir que los negros le están pisando los talones e, incluso, de darse cuenta que algunos ya corren por delante. Y esto les ocurre a pesar de la inferior inteligencia de los negros. Esta percepción les resulta ofensiva. Es por eso, tal vez, que necesitan un *amuleto científico* que les *certifique* que *todavía pertenecen a una raza superior.*

El argumento más contundente del libro trata sobre las diferencias de CI entre negros y blancos en función de la renta de los padres. A principios del siglo xx, el psicólogo americano Terman determinó que las clases sociales, definidas según los ingresos de la familia, presentaban una correlación positiva con las medidas de CI (cociente de inteligencia). Es decir, en general, a más dinero más inteligencia. Ahora bien, Terman intuía esto mucho antes de medirlo. Así que se extrañó de que la correlación fuera algo débil; sólo pudo obtener un valor r igual a 0,4. No sé de qué se extrañaba, cualquier oficinista ha tenido oportunidades sobradas para menospreciar la inteligencia de sus jefes.

Terman trataba de demostrar que la sociedad humana es perfecta y que los beneficios y salarios que se pagaban se correspondían con la inteligencia de cada quisque. Es posible que se creyera esa tontería honestamente hasta la caída de la bolsa de Nueva York en 1929. O tal vez ganaba demasiado dinero para la inteligencia que tenía.

Una *correlación* es un algoritmo matemático que establece el grado de acuerdo, llamado r, sobre cierto conjunto de valores, x y, ordenados por parejas. La correlación puede ser positiva o negativa. En general, si al subir el valor de un miembro x de la pareja, el valor y también lo hace, la correlación es positiva. Si ocurre al revés es negativa. Los valores de una correlación pueden ir desde 0, valor nulo, hasta ±1, valor máximo.

Ahora vamos a tratar de imaginar la explicación que la faltaba a Terman. Los ingresos se consiguen por diferentes categorías de trabajo. Un sujeto se puede hacer millonario, o ganarse la vida, con el deporte, el cine, la música, el comercio, etc. Y para ninguna de estas habilidades se precisa un alto cociente de inteligencia. Me refiero a la inteligencia que miden los tests habituales. Estos no incluyen pruebas sobre la inteligencia de las actividades artísticas, los negocios o el deporte.

Ahora situamos a la gente según sus profesiones y les medimos el CI. O sea, que vamos a medir la inteligencia a los deportistas, a los músicos, a los comerciantes, etc. Y los vamos a ordenar por profesiones y en grupos según los ingresos. Tal vez se pueda observar que la inteligencia de esta gente guarda una pequeña correlación positiva con los ingresos. Pero las distintas profesiones presentan valores de CI diferentes. Así, por ejemplo, me imagino que presentan más inteligencia las profesiones liberales de rango universitario, le siguen los profesores universitarios y los maestros de escuela, luego vienen los empresarios pequeños, la gente normal, los actores, los músicos y los deportistas.

Tabla 2.1

Inteligencia según rentas y profesiones

	Ingresos anuales en dólares							
	10.000	20.000	30.000	40.000	50.000	60.000	70.000	80.000
Prof. liberales			125	128	131	134	137	140
Profesores		120	125	130	133	135		
Maestros	115	120	125	128	130			
Empresarios	102	104	107	110	114	117	120	123
Rentistas		105	106	107	108	109	110	111
Gente normal	85	100	110	115	118			
Actores	98	100	102	105	108	111	114	117
Músicos	92	95	98	101	104	107	110	112
Deportistas	86	89	92	95	98	101	104	106

Esta tabla presenta una hipótesis mía sobre una probable distribución del CI para diferentes profesiones y están agrupados en columnas según los ingresos anuales. Pero los individuos de cada grupo sólo tienen ingresos derivados de su profesión. Los valores de CI de cada casilla representan un valor medio, y las desviaciones normales pudieran ser de ±10 puntos.

Respecto a los valores bajos de CI de los deportistas y los músicos, debo decir que los tests de inteligencia suelen medir repertorios simbólicos. La mayoría de los deportistas y músicos obtienen valores de CI normales. Y no necesitan invertir demasiado en los repertorios que se miden con el test para triunfar en su profesión. Entre los deportistas y los músicos la correlación entre el CI y los ingresos puede ser muy baja. Otras profesiones se ven obligadas a tener un CI más alto. Es el caso de la gente que hace estudios académicos como maestros, profesores de universidad, ingenieros, médicos, etc.

Si fundimos los valores de estas matrices en un promedio de CI por cada columna de ingresos, hemos perdido una gran cantidad de información. Esto es lo que suele ocurrir cuando queremos «abstractar» un asunto. Así se evita la posibilidad de encontrar divisiones naturales de un concepto que lo hagan accesible al intelecto. Si nos dicen que el CI medio de los maestros de escuela es de 120 quizá no mienten, pero están diciendo poca cosa. Y si nos dicen que su salario medio anual es de 25.000 dólares tampoco nos dicen mucho. Las abstracciones se usan con frecuencia para ocultar la realidad y *engañarnos científicamente*.

Y ahora volvemos al asunto ese de la inferioridad de CI de los negros en función de la renta. A lo largo de todas las rentas superiores a 25.000 anuales, los negros están representados especialmente por músicos y deportistas. Son escasos los miembros de profesiones liberales y profesores de alto rango entre los negros. Sin embargo, las profesiones liberales y los académicos de alto rango son mayoría entre los blancos.

Con esto ya se pueden explicar las *diferencias raciales* del CI en función de la renta. Y esto lo saben los genetistas. Y si no lo saben, es que padecen alguna *debilidad mental*. Este término fue muy usado por los sabios de la *craneometría*.

Pues bien, Herrnstein y Murray presentan el argumento de que los niveles de CI en función de la renta demuestran claramente la inferioridad intelectiva de los negros. Yo no tendría nada que objetar a esa afirmación si se refieren simplemente al hecho en sí mismo. Pero estas afirmaciones se hacen en un ambiente donde se está continuamente «probando» que la inteligencia es, en su mayor parte, de origen genético.

En general, el negro ordinario tiene algo bajo el cociente de inteligencia porque vive en un ambiente cultural pobre. En ese ambiente se desprecia la cultura del hombre blanco y se masca un fuerte resentimiento. De alguna manera se podría decir que están en guerra contra la cultura del hombre blanco. Eso se intuye por los altos niveles de agresividad y resentimiento que sufren. También se refleja en su gusto por los deportes violentos y la vida militar. Los negros que transitan por los senderos de la inteligencia tienen que sufrir la hostilidad de la gente de su raza que los califica de traidores y de *whities* (blanquillos).

Y la frecuencia relativa de este retraso en inteligencia se correlaciona perfectamente con esa pobreza. Y se diferencia muy poco con un blanco que viva en iguales circunstancias.

Existe un hecho que los genetistas no saben explicar. En los últimos decenios han tenido que corregir los valores de las pruebas del CI. En muchos países occidentales y asiáticos desarrollados, la inteligencia promedio se ha incrementado en unos 15 o 20 puntos. No pueden reconocer que esto esté provocado por los efectos de una mejor educación y de una vida menos esclavizada de la gente corriente. Herrnstein se queja en su libro de que la diferencia media de CI entre los más atrasados y los más inteligentes se había acortado en los últimos años. Esto lo achaca al incremento en el gasto educativo del gobierno en favor de los más retrasados y lamentaba esta situación. Tal vez piensa cerrar las escuelas de los barrios miseria de las grandes ciudades de los Estados Unidos.

Resumen

Hemos comentado sobre los argumentos que explican la inteligencia por la influencia de ciertas variables ambientales. He contado una historia de influencia familiar sobre dos niños que tocaban el violín. Luego se habló de la inteligencia genética y arrancamos con las teorías de Platón y unas alusiones a la craneometría. Después comentamos sobre los tests de inteligencia. También se habla de las tesis que hacen los genetistas con ayuda de los tests. Mucha gente duda del valor científico de los estudios dedicados a probar la inteligencia genética y sobre el abuso de las abstracciones. Esto nos hace sospechar que puede existir una intención fraudulenta. Pudiera tratarse de una craneometría reconvertida y motivada por criterios ideológicos.

3
El origen de la conducta

Siempre se han hecho especulaciones sobre el origen de la conducta. En los tiempos remotos se justificaba la conducta por el destino. Y éste estaba controlado por la voluntad de los dioses. En tiempos del Imperio Romano, alguna gente *sabía* que el destino estaba determinado por los astros, y que era un gesto infantil tratar de cambiarlo con peticiones a los dioses. Con el triunfo del cristianismo, las diferencias de clase y de cultura se explican como un don del Dios Supremo. Éste, por algún designio inescrutable, ha repartido los dones, de un modo desigual, entre los seres humanos. Todas estas filosofías pueden explicarse por la necesidad de que la gente común acepte el mundo tal como se lo encuentra.

En este capítulo vamos a tratar sobre el principio de imitación de la conducta y sobre el proceso con que se inicia el lenguaje.

3.1. La conducta como imitación

La mayoría de las habilidades de los seres humanos se adquiere por lentos procesos de imitación. La imitación tiene un origen innato, y se refuerza y amplía en un proceso posterior de condicionamiento.

El aprendizaje por imitación ha sido observado en numerosos estudios de animales y en seres humanos. Pero éste puede ser sólo un mecanismo iniciador de la conducta. Esto significa que poco después de iniciarse, la conducta *debe mantenerse* por las consecuencias agradables que se obtienen al emitirla.

La sonrisa del bebé es interpretada por algunos investigadores como una *respuesta* imitativa de la sonrisa de la madre. Y los primeros balbuceos se interpretan como una respuesta del bebé ante el ruido ambiente, o como una imitación a las palabras que le dirige la madre. En cualquier caso, si no es todavía una verdadera imitación, lleva camino de serlo.

Existe un pequeño problema en todo esto. La conducta del bebé, cualquiera que ésta sea en principio, no pasará de un estadio inicial muy simple si faltan unas consecuencias agradables. La conducta de mamar es agradable por sí misma. Pero otras conductas esperan una persona que responda a su llamada. Tal es el caso de las emisiones sonoras y los movimientos. En circunstancias normales, algunas de estas emisiones pasan inadvertidas, pero otras no. Son estas últimas, percibidas por las personas del entorno, las que son atendidas con una respuesta de simpatía hecha de palabras, arrullos, caricias, etc. Cuando el adulto *responde* de este modo, el bebé suele acelerar su actividad y repite la conducta. Es por eso que se dice que esas atenciones del adulto son *reforzantes*. Y se llaman así porque *refuerzan* o incrementan la probabilidad de que el bebé emita más conducta de la misma clase.

Quien ha jugado un rato con un bebé ha podido verificar lo que digo. Cuanto más fácilmente respondes a las acciones del bebé más se incrementa la actividad de éste. Se nota que el bebé está encantado con nuestras atenciones verbales y con las caricias y agitaciones que le aplicamos. Y no sólo disfruta mucho el bebé, el adulto también disfruta con este juego.

En el entorno del bebé, si no existe nadie capaz de entretenerse con estos juegos, la conducta no se acelera por sí sola. En casos así el bebé permanece bastante silencioso y se agita poco. Existen estudios que prueban esta afirmación.

Klaus Dietrich, en un libro titulado *Desarrollo intelectual de nuestros hijos*, menciona un caso sobre un hospicio de Teherán en 1960. Un pediatra americano pudo observar en dicho hospicio a un grupo de niños con unos retrasos muy notorios en las habilidades cinéticas, es decir, en cosas como mantenerse sentado, gatear, andar, etcétera. A este fenómeno se le conoce como *hospitalismo*. Me imagino que en cualquier hospicio donde no funcione un programa especial podemos observar esos retrasos.

Y aunque esto parece un caso extremo de carencia de los estímulos reforzantes, cualquier persona adulta con niños puede encontrarse en un caso análogo y generar *hospitalismo* en su propia casa. Quien se descuide de entretener al bebé con juegos y con palabras se puede encontrar con la desagradable sorpresa de que su niño está retrasado en su desarrollo cinético y verbal. Debe buscarse, cuando menos, media hora diaria para jugar con el bebé.

3.2. Génesis del lenguaje

La adquisición del lenguaje se explica por un principio de imitación. Ya lo hemos comentado. El bebé, al oír las voces de su madre, emite ciertos balbuceos y, sin que sepamos por qué, la madre o la persona que se ocupa del bebé responde con palabras y con juegos. Y esto acelera esta conducta del bebé. A los dos o tres meses, la conducta sonora del bebé empieza a tener cierta estructura. En una progresión creciente, los sonidos se van haciendo más frecuentes y más variados. A estas emisiones algunos le llaman *lalación*. Los adultos van actuando con más frecuencia sobre la conducta verbal del bebé. Al cabo de un tiempo, nos damos cuenta de que éste emite *sílabas diferentes*. Es posible que el adulto responda con más interés ante las novedades sonoras. Esto incrementa la variedad de sonidos. Más tarde, se establece un proceso de *ecolalia*, durante el cual parece que el bebé consigue imitaciones de los fonemas emitidos por su madre o la persona que le cuida. ¿Por qué ocurre esto? Creo que existe una respuesta diferencial del adulto ante *la calidad* de las imitaciones. Las imitaciones mejores reciben una respuesta más entusiasta o más probable.

Las madres parecen sentir un placer especial en este juego y, en general, la mayoría de los adultos. Pero algunas personas tienen escaso interés por estas actividades con el bebé. Se trata de adultos con poca tendencia a comunicarse socialmente. Si los adultos a cargo del niño están en este caso, esto puede provocar una carencia, o un retraso notable, en la adquisición del lenguaje por parte del bebé.

Hacia los 12 meses de edad el niño emite sus primeras palabras: papá o mamá. Y enseguida va aprendiendo a imitar, una por una, toda una serie de palabras relacionadas con las cosas del entorno. De modo que los padres van señalando un objeto y emitiendo la palabra correspondiente. Más tarde, el niño repite la palabra como un eco, pues la imitación está consolidada. En algún momento, el niño es capaz de emitir la palabra que corresponde cuando el adulto señala un objeto. Muy pronto se van poniendo los modelos auxiliares del lenguaje, como preguntas del tipo: «¿qué es esto?», y respuestas del tipo: «esto es una cuchara», etc. Este tema lo trataremos más adelante.

Pero, ¿qué ocurre cuando no se establece una relación de transferencia lingüística entre los padres y el niño? No sería cosa de extrañarse si el niño no habla.

3.3. ¿Qué es la conducta?

Antes de meternos más profundamente en el tema de la conducta, voy a tratar de definir un poco esta palabra. Si miramos el diccionario nos dice que *es la manera en que los hombres gobiernan su vida y dirigen sus acciones.*

La palabra proviene del vocablo latino *conducta* y en principio se refería al acto de conducir carretas, ganados, tropas, etc. Las elites romanas parece que lo tenían claro. Si necesitaban que alguien hiciera algo, daban una orden. Y parecía ocioso dar explicaciones sobre lo que ocurría a los esclavos o las tropas desobedientes, pues eran castigados con severidad.

El modelo era simple. Pero no podía explicar ciertos efectos indeseables que ocurrían de cuando en cuando. ¿Es que los romanos no sabían que los hombres están gobernados por la búsqueda del placer, el poder y las exhibiciones distintivas de un rango superior? Lo sabían de sobra. Pero el modelo dominante tenía relación con la obediencia y su control, con premios y castigos. Pero tampoco se podían generalizar los latigazos en exceso, porque los esclavos quedaban inutilizados durante varios días y hasta podían morir de las infecciones. Es por eso que frecuentemente se usaba la persuasión y los incentivos materiales. A los esclavos más inteligentes y laboriosos se les concedía la libertad y esto servía de modelo para que no perdieran la esperanza en un mañana mejor.

Oficialmente, las variables que controlan la conducta han estado confusas hasta mediados del siglo XX. Pero a finales de este siglo muchos siguen sin aclararse.

Para este libro, necesito una definición nueva de la conducta. Ésta se debe ajustar a la idea de que una gran parte de ella está, más o menos, automatizada. En ese sentido, el sujeto *raramente* se conduce a sí mismo

de un modo analítico y racional, sino que está goberna-
do por programas aprendidos. Éstos se adquieren con
ayuda de ciertos agentes que presentan y controlan los
modelos. Una vez aprendida una conducta, ésta queda
controlada por los estímulos aprendidos. Aunque se
admite que la conducta va cambiando lentamente con
el tiempo.

Pero, incluso, la conducta racional y analítica también
se ejecuta por medio de rutinas o algoritmos automáti-
cos. Así que mi definición dice: *la conducta de una persona
es el conjunto sus actos probables o previsibles*. Se trata de
un determinismo probabilista. Y para tener una idea de
esas probabilidades se necesita haber hecho un muestreo
previo de la conducta. Este muestreo se ha hecho sobre
fragmentos del pasado inmediato de un sujeto.

La conducta suele estar controlada por cierto número
de expectativas agradables y probables que el sujeto ha
vivido previamente. Como éstas son muy variadas, no se
puede predecir cuál será la próxima conducta que se
vaya a emitir. Por ejemplo, un muchacho se dirige a los
lugares que frecuenta Cathy, una chica que le gusta, y
va guiado por el recuerdo reciente que tiene de ella. Recuerda que se alegra al verle y que le sonríe con ternura.
Estos recuerdos son estímulos memorizados. No se trata
de un acto premeditado. Simplemente, va como una
mosca a un tarro de miel. En otro momento se va a un
salón donde hay una máquina tragaperras con videojuegos. Y si juega en esas máquinas es porque extrae una
cierta satisfacción de ello. El ratero que le da un tirón al
bolso de una señora, tampoco tenía ninguna premedita-
ción. Iba por la calle y ve a una señora con pinta de tener
dinero. Mira alrededor, por si se ven indicios de peligro,
y arranca con el bolso. Es una especie de conducta automática. Esto no significa que el sujeto sea inconsciente de
lo que está haciendo.

La palabra conducta es una abstracción referida a los actos emitidos por un organismo.

Esta abstracción es válida para cierto período de tiempo, porque la conducta está cambiando lentamente. El ratero de hoy, al cabo de un año, puede ser un atracador, un preso, un mendigo o un cadáver.

Resumen

En este capítulo, titulado *El origen de la conducta*, hemos identificado a la imitación como factor iniciador de un proceso de adquisición de conducta. Pero esa conducta sólo se mantenía si las consecuencias eran agradables. Así es como aprenden los animales y así es como aprende el hombre. Y otro tanto ocurre con el lenguaje. Pero no todo el mundo lo tiene así de claro. Creo que la adquisición del lenguaje es crucial para el desarrollo de la inteligencia y lo comento por si algún lector no se ha dado cuenta. Aquí respondemos a la pregunta ¿qué es la conducta? Esta palabra se ha vuelto abstracta por el uso y los comentarios eruditos. Por eso trato de aclarar el significado. Muchas ideas resultan confusas porque no definimos los elementos contenidos en las abstracciones.

4
Controles de la conducta

En el capítulo precedente estuvimos considerando el inicio y el desarrollo de la conducta. Nos dimos cuenta que la conducta suele tener una finalidad gratificante.

Pero en este punto cualquiera sabe que existen conductas persistentes y de gran valor que no gratifican de inmediato. Aquí es donde está todo el meollo y la dificultad de la educación: cómo instalar esas conductas.

4.1. Los controles

Dijimos que la conducta suele tener una finalidad gratificante. Pero no hay problema con esas conductas; se mantienen por sí solas. Donde tenemos problemas es en esas conductas que no son agradables de inmediato. Son esas conductas que requieren atención y persistencia y cuyos beneficios no son inmediatos. Por poner un ejemplo, el entrenamiento para unas olimpiadas, estudiar para hacer una carrera, o aprender a tocar el violín. Los jóvenes en estos casos se ejercitan varias horas al día. ¿Cómo lo consiguen? Este misterio merece ser aclarado. Y lo vamos a intentar.

Estamos ante un niño al que le hemos enseñado a hacer garabatos y unos dibujos. Hemos ido, poco a poco, enseñándole a hacer dibujos cada vez más pequeños. Luego, con mucha paciencia, le hemos enseñado a hacer *palitos* con el lápiz. Le hemos enseñado a hacerlos de cierto tamaño y a ponerlos uno detrás del otro. Para ello, hemos estado al lado del niño, continuamente, hablándole y dándole ánimos mientras hacía rayitas una al lado de la otra. Y cuando creemos que ya sabe hacer esta tarea, se nos ocurre lo siguiente.

ESCENA PRIMERA

Le decimos al niño: *«Ponte a hacer unos palotes sobre esta línea y luego en la otra, que voy a lavar unos cacharros en la cocina».* El niño inicia la tarea. A los diez minutos volvemos y el niño no ha hecho casi nada. Sólo añadió tres o cuatro palotes.

Como somos algo clarividentes, sospechamos que la causa de esta inacción ha sido nuestra ausencia en la cocina. Así que ahora vamos a hacerlo de otro modo.

ESCENA SEGUNDA

Así que le proponemos: *«¡A ver que tal hace mi niño los palotes!»* Vemos que el niño se pone en marcha y, cada cinco segundos, le vamos diciendo: *¡Qué niño más listo! ¡Qué bien hace los palotes!* O algo parecido. Y cada 10 o 20 segundos le hacemos una caricia después de halagarle por su trabajo.

Y ahora vemos que en tres minutos ha llenado toda la línea. ¿Cuál es la diferencia entre las dos situaciones? Ya lo han adivinado, son esas palabras de ánimo y esas caricias que le dábamos mientras hacía las rayitas.

Podemos probar a ver si escribe otra línea más. Pero ahora le pedimos que lo haga y nos mantenemos callados. Estamos a su lado, pero no le vamos dar ni una palabra de ánimo, no le vamos a hacer ninguna caricia mientras escribe los palotes. ¿Qué ocurrirá?

ESCENA TERCERA

El niño parece que va lanzado, pero a los 15 o 20 segundos se detiene y pregunta: *¿Te gusta cómo lo hago?* Y nos quedamos callados. El niño sigue escribiendo cinco segundos más y de pronto dice: *No tengo más ganas de escribir.* Así que se levanta y se va a jugar con unos bloques.

Resultado: sólo ha trazado 10 o 20 palotes más.

ESCENA CUARTA

Al rato le llamamos y le decimos: *Juanito, escucha. Se me ha ocurrido una cosa.* El niño deja los bloques y escucha. *Si me llenas un par de líneas con palotes, nos vamos a dar un paseo por el parque.*

El niño se sienta y coge el lápiz y se pone a escribir. Cada 5 o 10 segundos le vamos diciendo: *Que bien lo haces. Eres un niño encantador.* Y le acariciamos la cabeza de cuando en cuando.

Al terminar de escribir un renglón decimos: *Espera un momento, me he encontrado una pequeña pastilla de caramelo. Esto te lo doy porque has hecho mucho trabajo.*

El niño se detiene a comer caramelo. Al cabo de 20 o 30 segundos le decimos: *¿Qué tal si sigues haciendo palotes? Lo estás haciendo muy bien.*

El niño coge el lápiz y sigue escribiendo. Seguimos dando alabanzas cada 10 o 20 segundos. Y cada tres o cuatro alabanzas acariciamos al niño después de halagarlo.

Al cabo de diez minutos le decimos: *Es estupendo. Has llenado cinco renglones. Toma otra pastilla de caramelo.* Mientras consume el caramelo aprovechamos para seguir halagando su habilidad con el lápiz. Y luego, según lo prometido, nos vamos al parque.

Durante el paseo, hacemos alguna interrupción para decirle al niño: *¡No sabes lo contento que estoy! Eres un niño estupendo. Estoy impresionado por lo bien que escribes.* Y le acariciamos la cabeza.

Estos comentarios le harán sentirse orgulloso por el trabajo realizado, de modo que la idea misma de escribir se va reforzando en su mente como algo valioso.

Si pensamos un poco en las escenas anteriores, podemos ver que hemos controlado la conducta del niño. En nuestro método de control se pueden observar dos clases de variables. La primera es una *petición* que le hacemos al niño: podríamos llamar a esta variable *estímulo de petición*.

Con frecuencia oímos decir a los educadores: *Hay que estimular al niño.* Y para no pasar por ignorantes, no le preguntamos: *¿cómo se hace eso de estimular?* Así que no tenemos oportunidad de conocer lo que piensan al decir eso. Realmente, jamás he leído, u oído, un comentario sobre el significado de ese verbo.

Se me ocurre que «estimular es presentar un estímulo para que se emita cierta conducta». Por eso creo que estimular consiste en *hacer una petición, dar una orden, informar de algo,* etc. O sea, se trata de presentar una señal con la intención de que ocurra una conducta. Por eso, estimular es también presentar una señal de tráfico, hacer sonar una campana, una sirena, un pito, etc., para provocar una respuesta.

Pero este modelo se olvida que las órdenes y las peticiones suelen tener un resultado poco previsible. Y esto es muy notorio *cuando el niño es poco obediente.* Recuerde la escena primera, al irnos a la cocina, el niño dejaba de escribir. En la escena tercera probamos de no alabar ni acariciar al niño por su tarea, y éste se cansó y se fue a jugar con unos bloques.

Por tanto, podemos concluir que los estímulos de petición u orden tienen un control débil sobre la conducta de los niños, pero pueden iniciarla. Y, sin embargo, también recordamos, escenas segunda y cuarta, que las alabanzas y las caricias tenían el poder de acelerar la conducta y que conseguíamos que el niño hiciera mucho trabajo. Estas alabanzas y estas caricias también son estímulos: son *estímulos reforzantes.* Y se llaman reforzantes porque tienen el poder de *reforzar* la frecuencia de una conducta. Por este motivo, para evitar confusiones, se les llama *reforzadores.*

Si alguien quisiera darme un buen consejo para educar a los niños debería decirme: «*Debes usar mucho los reforzadores*». Y yo preguntaría: *¿Qué son los reforzadores?*

> **Los reforzadores son cosas agradables que nos ocurren al tiempo que estamos ejecutando una conducta o justo al tiempo de acabarla.**

Podemos poner como ejemplo banal el acto de coger un pastel para comerlo. El pastel sabe bien y lo comemos con agrado. *Esto es un reforzador*. Y puede, por tanto, inducirnos a seguir comiendo más.

Por el contrario, si el pastel fuera de esos que se usan para hacer bromas, podría ser muy amargo o, tal vez, duro como una piedra. En un caso semejante escupiríamos el pastel de inmediato. Es evidente que este pastel *no es* un reforzador. Y, por tanto, no queremos probar otro.

Con este ejemplo ha quedado clara cierta propiedad de los reforzadores. *Los reforzadores nos dan deseos de seguir con la conducta reforzada*. Esto es válido hasta que se produce una sensación de saciedad. Porque hay un momento en que también nos hartamos de pasteles.

Si resumimos todo esto de un modo elegante, nos sale la frase siguiente:

> **La aplicación de un reforzador incrementa la probabilidad de que la conducta se repita.**

De esto se concluye que *podemos acelerar* mucho la conducta que una persona emite si aplicamos una serie de reforzadores en cortos intervalos de tiempo.

Por el contrario, los «controles aversivos» tienen la propiedad contraria: nos quitan el deseo de seguir con la conducta. Recuerden el pastel amargo que nos quitó las ganas de seguir comiendo.

La *ausencia de reforzadores* no genera ninguna aceleración de la conducta. Recuerden las escenas primera y tercera. Pero si hubiéramos acelerado esa conducta previamente, al dejar de reforzarla ésta se mantiene durante un tiempo, aunque pronto empieza a decaer.

Por eso se dice que *la retirada brusca de los reforzadores inicia la extinción de una conducta*.

Recuerde la historia del niño haciendo palotes. Cuando nos fuimos a la cocina dejó de escribir y la conducta *se extinguió*. Y cuando dejamos de darle alabanzas y caricias, en la escena tercera, se fue a jugar con los bloques. Éste es otro ejemplo de *extinción* inmediata.

Recuerde también que *la fuerza de los reforzadores*, en las etapas iniciales de la conducta, se fundamenta en la frecuencia con que se aplican. La conducta de escribir, leer u otras, al empezar, no tienen nada de agradable por sí mismas. Y por esa razón ninguna se va a ejecutar de un modo sostenido por la virtud de una simple orden.

Digamos que la conducta inicial de un niño es muy débil. Y al dar una orden, sólo se sostiene entre 5 y 20 segundos. En la escena segunda se dice que reforzamos cada 5 segundos. Y en la escena cuarta lo hacemos cada 10 segundos. Cuando se hayan acumulado 20 o 30 horas de reforzar una conducta, ésta se podrá sostener durante 20 o 30 minutos sin reforzadores. Pero si dejamos de reforzar durante varios días seguidos la conducta se extingue o lleva camino de ello.

De modo que ya tenemos dos conceptos básicos y antagónicos. *Reforzar y extinguir. Refuerzo y extinción.*

Se puede dar el caso de que un reforzador ha funcionado bien con otros niños, pero no funciona con cierto niño concreto. ¿Qué ha pasado? Existe un dicho que reza:

SÓLO ES REFORZADOR LO QUE REFUERZA

Esto puede parecer una tautología. Pero no lo es. En general, tenemos una idea bastante razonable de lo que puede ser o no ser reforzante. Pero, si nos situamos delante de una clase llena de niños, no tendremos dificultades para saber cuáles son los reforzadores más aceptados. De modo que si preguntamos: «¿A quién le gusta el helado de chocolate?» Habrá decenas de voces que digan: «¡A mí!» Pero si decimos: «Al que no le guste el helado de chocolate que levante la mano», no sería nada raro que algún niño la levantase. Y eso vale como ejemplo para otros reforzadores potenciales. Siempre puede haber un niño al que no le gusta el helado de vainilla, el de chocolate o los caramelos de menta.

En este sentido se debe tomar la frase, *sólo es reforzador aquello que refuerza*. O sea, que tenemos una idea bastante probable de lo que es un reforzador. Pero no podemos estar *totalmente seguros* de que lo sea en cada caso concreto. Debemos estar preparados por si el niño rechaza el reforzador que le damos o por si no le agrada. Si no le gusta, no es un reforzador.

4.2. Reforzadores primarios

Recordamos que se usaron, como reforzador de la conducta del niño, dos pastillas de caramelo. El caramelo gusta, por sí mismo, debido a que es dulce. El sentido del gusto acepta con agrado las cosas dulces, a no ser que estemos muy saciados. Por el contrario, rechaza las cosas muy amargas, o excesivamente saladas, o las cosas sin un sabor agradable reconocido. Los estímulos que agradan a los sentidos primarios son los reforzadores primarios. Entre estos reforzadores estarían las cosas que se comen cuando tenemos hambre, el agua cuando tenemos sed, los estímulos sexuales cuando tenemos madurez para sentirlos, y las situaciones confortables.

Por tanto, todo lo que satisface nuestras necesidades primarias son **reforzadores primarios**. Claro que estos reforzadores primarios mantienen su virtud sólo por un tiempo limitado. Cuando tenemos mucha sed nos tomamos un vaso de agua, o dos, y nos saciamos, cuando tenemos hambre comemos algo hasta que sentimos saciedad, cuando llevamos mucho tiempo al fresco empezamos a sentir frío, etc. Es decir, cuando disfrutamos de una conducta agradable, de tipo primario, existe un momento que abandonamos esa conducta por causa de la saciedad.

4.3. Reforzadores condicionados

Además de los reforzadores primarios, existen otras cosas con poder para influir sobre la conducta de los seres humanos. Desde los tiempos antiguos, las gentes han sido controladas por los halagos y las promesas. Todos los grandes demagogos que se hicieron con el poder, los grandes generales, los líderes que crearon imperios y nuevas religiones, todos disponían de un valioso instrumento para influir sobre la gente: la palabra. Todo el poder de persuasión de las sectas y los movimientos ideológicos se fundamenta en las palabras.

Pero cuando estamos expuestos a mensajes verbales muy diversos y antagónicos entre sí, la influencia de las palabras sobre las personas se reduce mucho. Pues los mensajes verbales, al provenir de fuentes diferentes, se contradicen los unos a los otros.

La palabra como reforzador

¿De donde viene el poder de la palabra? Voy a tratar de explicarlo. Las primeras voces que oímos en la primera infancia, o las más frecuentes, son probablemente las palabras de nuestra madre. Mientras nos alimenta, o nos lava y nos acaricia, suele hablarnos constantemente. Y esto lo hace aun cuando sabe que no entendemos nada. De modo que, por asociación con el alimento y los cuidados, las palabras de nuestra madre se vuelven reforzantes; es decir, quedan condicionadas como reforzantes.

A medida que vamos conociendo el lenguaje, éste es fuente de toda clase de noticias agradables: *«Julito, ven. La comida ya está lista».* Y otras cosas por el estilo. Es fácil de imaginar que una madre, cuando se siente feliz y relajada, atiborre a su hijo de caricias, de palabras amorosas y de halagos. Estas contingencias agradables hacen que la palabra humana, y en especial las palabras maternales, sean agradables de oír.

Todo esto trata de justificar que la palabra contiene un principio agradable. Y que este agrado está causado por su asociación frecuente con las cosas agradables. Por eso se dice que la palabra es un *reforzador condicionado.*

Y por este motivo se usa fácilmente como reforzador.

Otros reforzadores

Las caricias para los bebés y niños pequeños pueden considerarse, obviamente, *reforzadores condicionados.* Estas caricias se asocian con el alimento y los cuidados del bebé que son reforzadores primarios.

Lo que nos interesa aquí es que las palabras y las caricias sirven de reforzador para los bebés y los niños. Pero no son los únicos reforzadores. También resultan agradables al niño los objetos que solemos poner a su disposición para que jueguen.

Los objetos pueden presentar para el niño una oportunidad de *exploración sensitiva.* Este acto se puede considerar una *conducta genética* o *«respondente».* Las madres suelen poner un objeto en las manos del niño y éste inicia una actividad exploratoria. Luego refuerzan al niño por ello con palabras o caricias. Estas contingencias refuerzan la conducta de manipular el objeto o tenerlo en las manos. Esto sirve de explicación sobre el origen de los juguetes. El niño, por el hecho de estar entretenido con el juguete, cualquiera que éste sea, recibe frecuentes reforzadores. El juguete se puede decir que hace el papel de niñera. Ésta es la función que han adquirido esas maquinitas electrónicas que se regalan a los niños. Los mantienen entretenidos mientras la madre charla con una visita o prepara algo de comer. La tele hace también el papel de niñera. Claro que la tele y los vídeos presentan una serie de estímulos, cambiantes y de vivos colores, que pueden ser muy reforzantes por sí solos. Y esto puede ser un estímulo muy controlador y absorbente.

Así que me atrevo a decir que los padres, sin darse cuenta, transforman cualquier cosa en un juguete, y éste básicamente es un *reforzador condicionado*. Aunque en la mayoría de los casos se eligen objetos que ya están aceptados por el entorno social como juguetes.

A veces, el niño recibe los reforzadores por causa de la acción provocadora del juguete que es ruidosa o molesta para los adultos. Así que el niño recibe abundantes atenciones verbales del entorno familiar que le recrimina por estas molestias. Estas palabras también son reforzantes.

Entre los reforzadores condicionados podemos citar la voz humana, las risas, las caricias, los juguetes, los cromos, las películas de vídeo, la televisión, los videojuegos, el juego con otros niños, etc. Pero fíjese que puede haber niños que no reconozcan como reforzante el juego con otros niños. Si el niño no ha tenido estas experiencias de juego, no ha podido recibir reforzadores por ello; por tanto, el niño se mostrará tímido y se resiste a participar en juegos sociales.

Reforzamientos indeseables

Ocurre con cierta frecuencia que algunos tenemos el hábito de decirle al niño ciertas palabras, de información

o censura, por las cosas que hace mal. Cosas como errores, omisiones, ignorancia de una orden o petición, agresiones, etc. Esto es un mal asunto. Técnicamente, estamos
aplicando un *reforzador verbal* a una conducta que resulta
indeseable. Como consecuencia, estamos acelerando esa
conducta indeseable. Nosotros creemos que *le estamos ri-
ñendo al niño*, pero numerosos estudios han demostrado
que esas palabras son reforzadoras de la conducta.

4.4. La conducta reforzante

Acabamos de explicar que ciertos estímulos, en principio indiferentes, adquieren el poder de ser *reforzadores
condicionados* por su asociación con otros reforzadores.

Del mismo modo, la conducta que vamos a reforzar es,
en principio, cuando menos indiferente. Y sabemos que es
indiferente porque el niño no la emite por sí mismo.

A base de *reforzar intensamente* una conducta, ésta va
aumentando de frecuencia. Si se persiste acelerando durante varios días, la conducta llega a ser muy intensa
durante estos períodos. Y se puede hacer dominante si
continuamos acelerándola durante meses o años. En un
caso así, podemos decir que esa conducta *se ha vuelto reforzante*. Es por eso que se ejecuta fácilmente. Y no diremos nada heterodoxo si afirmamos que la conducta bien
reforzada se vuelve *reforzante condicionada*.

Generalización

Este efecto reforzante hace que la conducta se emita,
aunque más débilmente, en los períodos en que no existe reforzamiento. A este fenómeno se le conoce como
generalización reforzante de la conducta.

Esta propiedad de la conducta es muy poco comentada. Pero explica que algunos niños en la escuela pongan más atención y sean más laboriosos que otros. Se trataría de niños que reciben reforzamiento en casa por causa de su conducta estudiosa y por hacer tareas escolares.

La conducta reforzante y de poco esfuerzo la podemos usar como reforzador cuando controlamos otra actividad más difícil. Supongamos que queremos enseñar al niño a escribir. Primero le reforzamos para que haga garabatos y monigotes con lápiz sobre un papel. Ésta es una conducta sencilla que se vuelve fácilmente reforzante. En la segunda fase, cuando el niño empieza a escribir, además de los reforzadores conocidos, podemos usar un período de *garabato libre* que sirve a la vez como reforzador y como descanso. Esto es usar una conducta agradable como reforzador condicionado.

4.5. Fases de una conducta

Decía más atrás que al aplicar un reforzador sobre una conducta cualquiera se incrementa la probabilidad de que ésta vuelva a repetirse.

Esto no debe ser un dogma de fe. Para estar seguros de que esto es un **conocimiento real** es aconsejable comprobarlo. ¿Pero cómo podemos saber que la conducta se incrementa? Existe una manera muy sencilla.

Primero vamos a tratar de ver cuanta conducta concreta emite un niño por medios convencionales. Así que elegimos alguna conducta entre aquellas que el niño puede hacer de mala gana. Luego le pedimos, con una breve explicación, que ejecute la conducta que hemos elegido. Por ejemplo, copiar una hilera de letras en un cuaderno. El niño no parece muy convencido, así que le ponemos delante un cuaderno y un lápiz y le decimos: *Tienes que hacerlo.* Digamos que le tenemos acorralado. Nosotros, por nuestra parte, le dejamos con la tarea pedida, como haría la maestra en la escuela, y tomamos nota de la hora. Mientras esperamos que el niño haga su tarea, nosotros leemos alguna cosa. Y ponemos un reloj que nos avise a los 20 minutos. Al sonar el timbre, vamos a ver el trabajo realizado. De modo que tomamos nota de cuántas letras escribió en ese tiempo. Luego le podemos decir algún comentario, según la cantidad de trabajo realizado; cosas como:

«Qué poco trabajo has hecho»
«No está mal, pero podías haber hecho más»
«Has hecho un buen trabajo»

Estas alabanzas que damos sobre el trabajo ya terminado son algo equivalente a lo que suele ocurrir en la escuela. Esta operación de medir el trabajo realizado en 20 minutos la vamos a *repetir* durante cinco días seguidos.

Ahora ya tenemos una idea de cuanto trabajo es capaz de hacer el niño por sí mismo con una simple orden o petición. Esa puede ser una medida aceptable de la fuerza que tiene esa conducta en el presente. Otra tarea puede dar otros resultados.

La línea base

Los valores del trabajo que el niño ha ejecutado cada día los podemos situar sobre una gráfica de dos dimensiones. En el eje de la X, línea horizontal, tenemos las sesiones observadas y, en el eje de la Y, la cantidad de conducta emitida. Debemos elegir una escala vertical que permita situar valores 4 o 5 veces mayores que los obtenidos en estos días. Luego podemos unir esos puntos con una línea. A esta línea le vamos a dar el nombre de «línea base».

Aceleración

Ahora vamos a comprobar si los reforzadores *refuerzan*. De modo que empezamos una nueva sesión. Pero ahora debemos acelerar esa conducta. Así que no dejamos al niño solo con la tarea de escribir unas letras. En lugar de eso, nos ponemos a darle alabanzas (reforzar verbalmente) por lo bien que lo está haciendo. Y esto lo hacemos cada 10 o 15 segundos, le acariciamos el pelo de cuando en cuando, y hasta podemos darle alguna pastilla muy pequeña de caramelo o chocolate, cada 2 o 4 minutos.

Cuando le vamos a dar esa pastilla, le reforzamos primero verbalmente, luego le acariciamos y después le damos la golosina. Siempre en ese orden. Se debe dar primero el reforzador más débil y luego el más fuerte. De ese modo, los controles más débiles se refuerzan con otros más potentes.

Al terminar el período de 20 minutos, anotamos los resultados obtenidos. Desde el primer día de la aceleración, podemos ver que la cantidad de trabajo realizado es muy superior a los valores obtenidos en cualquier día de la *línea base*. Seguimos acelerando cada día en sesiones de 20 minutos y anotando los resultados obtenidos.

Podemos ver que cada día se incrementa la cantidad de trabajo realizada respecto al día anterior. A la quinta sesión de aceleración, podemos observar que el niño realiza cada día entre 3 y 5 veces más trabajo que en los períodos de la línea base. Así que, para ver el éxito, vamos anotando los valores con un punto sobre la gráfica y luego trazamos una línea que une esos puntos.

Meseta de mantenimiento

Cuando llevamos 7 o 10 sesiones acelerando, notamos que la conducta ya no se incrementa como antes, sino que parece estancarse en unos valores fluctuantes formando una especie de meseta. Es que estamos en lo que se llama «meseta de mantenimiento». Esto se interpreta como una especie de «equilibrio» entre el poder del reforzador y el esfuerzo de emitir una conducta repetitiva, pues ésta puede resultar algo cansada. En esta fase podemos atenuar lentamente la frecuencia del reforzamiento. De este modo podemos relajar un poco nuestra atención.

Fase de extinción

Cuando llevamos 5 o 7 días en la fase de mantenimiento, decidimos dejar de reforzar. Durante un par de días parece que la conducta se mantiene. Eso es debido a que la conducta, por causa del reforzamiento anterior, se ha vuelto *reforzante condicionada*. Pero a eso del tercer o quinto día, la conducta emitida es inferior a los mínimos de la meseta. Como seguimos sin reforzar, la conducta sigue bajando.

Se puede predecir que al cabo de 7 o 10 días de omitir el reforzamiento, la conducta ha caído a unos valores algo por encima de *la línea base*. En días sucesivos la conducta se mantiene aproximadamente en un plano de valores mínimos llamado plano de extinción.

En la figura 4.1 podemos ver un resumen de lo que se ha dicho. En el eje de la X tenemos el número de se-

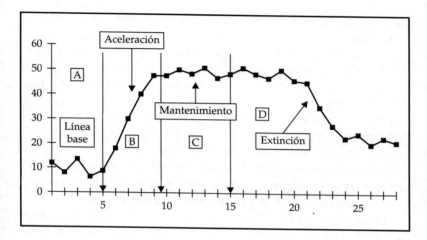

Figura 4.1.—Fases de una conducta.

siones. Y en el eje de la *Y* los valores arbitrarios de una conducta. Por ejemplo, el número de letras escritas en cada sesión.

Repetición de la experiencia

Habiendo pasado por todas estas fases, hemos podido verificar el efecto de los reforzadores sobre la conducta. Ahora tenemos una primera evidencia de que no estamos ante *conocimientos virtuales* de dudosa credibilidad.

De modo que vamos a tratar de repetir la experiencia a ver que pasa. Como llevamos ya 10 o 15 días desde que empezó la fase de extinción, decidimos empezar de nuevo a reforzar la conducta. Así veremos si se produce una nueva aceleración. De modo que volvemos a reforzar en cada sesión. Cuando llevamos unos días acelerando, vemos que la pendiente de adquisición es mayor que en la primera experiencia. De esto resulta que llegamos a los valores de la meseta con un menor número de sesiones. Más tarde, podemos comprobar que los valores de la meseta son algo más elevados que la vez anterior. Cuando decidimos retirar los reforzadores, observamos que la extinción es más lenta. Los niveles mínimos en esta fase de extinción son también más altos que en la experiencia anterior. Todo esto se explica porque la conducta se está volviendo *reforzante condicionada* y, por tanto, al niño le cuesta menos esfuerzo emitirla. Esto no tiene nada de extraño. Cuando aprendemos a escribir tenemos dificultades y nos cansamos. Años más tarde, lo hacemos con relativa facilidad. Y algunos disfrutan escribiendo.

Podemos todavía volver a repetir la experiencia anterior y podemos ver que se repite casi lo mismo. La pendiente de adquisición es algo más alta, la meseta también y la extinción se hace más lenta.

4.6. Propiedades de los aversivos

Muchos adultos creen en las virtudes del jarabe de palo. Piensan que una bofetada es el remedio apropiado para muchos males. Se trata de la doctrina tradicional para controlar la conducta. Esta doctrina se basa en el uso de castigos o amenazas de castigos y promesas de premios para el futuro.

Este modo de control se descubrió hace miles de años, porque los controles aversivos suelen tener un control inmediato. Piensen por un momento en un atraco a mano armada o en un secuestro. En cosa de unos minutos el sujeto se apodera de una porción de dinero o de una persona y tiene mucho poder.

Pongamos por caso a un padre autoritario que está dispuesto a darle a su hijo unas buenas bofetadas si no se pone a estudiar matemáticas de inmediato. Es muy probable que lo consiga, y luego se dirige a mí diciendo:

> *¿Ves? Yo no necesito usar eso que tu dices de los reforzadores. No me hace falta este libro para nada.*

Efectivamente, el control aversivo tiene un poder inmediato sobre la conducta de una persona. Pero, a largo plazo, esto tiene resultados nocivos. Vamos a verlo.

Decíamos que la conducta controlada con reforzadores se volvía *reforzante condicionada*. También dije que por ese motivo la conducta se emitía fácilmente; es decir, con mucha frecuencia. Por el mismo razonamiento, la conducta controlada con aversivos se vuelve *aversiva condicionada*. Por tal motivo, la conducta se vuelve odiosa y se ejecuta de mala gana y con escasa frecuencia. Hay un momento que la conducta así controlada sólo se ejecuta cuando está bien vigilada por el controlador aversivo.

En la práctica, el control por el castigo no se suele usar en estado puro. Se suele usar un método de control mezclado. De una parte se usan las amenazas y de otra se suele premiar de alguna manera por la conducta ejecutada. Esto hace que la conducta, controlada de este modo, no sea totalmente aversiva. Pero, obviamente, ésta no es la mejor conducta que podemos crear.

4.7. Resistencia a la extinción

Le estaba comentando a alguien los milagros y el poder de los reforzadores y de pronto exclamó:

> *¡Ya está! Consigues con esos reforzadores que el niño haga alguna cosa y nunca más querrá volver a hacerlo si no le das reforzadores.*

Esto lo decía inspirado por la extrañeza que le causaba oír hablar del reforzamiento por primera vez. De hecho, la mayoría de la gente educada nunca ha oído hablar de este asunto. Por eso, a mi amigo le vino la idea de que este barco debía tener una vía de **agua** por alguna parte. No me extrañé de sus dudas. Si **no** se **oye** hablar de un asunto, existen pocas razones para creer en él. Es fácil creer en lo que se oye. Es por eso que a los ovnis casi nadie los ha visto y el 45 por 100 de la gente cree en ellos. Los pastores nómadas del Sahel y los cazadores del Kalahari, que viven a la intemperie, no creen en los ovnis ni en los extraterrestres, porque no leen los periódicos ni ven la tele.

Le expliqué a mi amigo que *una conducta con consecuencias agradables tiene muchas probabilidades de que vuelva a ser repetida.* Y que una conducta que se asocia con cosas agradables durante un tiempo prolongado se vuelve *reforzante condicionada.*

Pero es cierto que la conducta tiende a extinguirse si desaparece el reforzamiento. Sin embargo, existe algo que suele salvar a la conducta de la extinción. La educación tiene como propósito que el niño adquiera una conducta inteligente. Por poner un ejemplo, vamos a considerar la lectura. Si aprendemos a leer bien, difícilmente se va extinguir esa conducta. Existen placeres asociados con la simple lectura. Piense en las novelas. También existen mensajes escritos que nos conviene leer por distintas razones. Nos pueden informar de cosas útiles, o mejoran nuestro rango social. Si trabajamos en una oficina tenemos que leer y escribir cosas y, por esto, ganamos un salario. Digamos que el salario del oficinista y las atenciones que recibe por su trabajo mantienen su conducta.

Pero si hemos aprendido a leer de un modo deficiente, es posible que acabemos recogiendo zanahorias, o lechugas, en el campo. En estas circunstancias, es posible que no tengamos necesidad de leer nada; pues al terminar el trabajo estamos muy cansados para leer. De modo que, al cabo de 10 o 20 años, la conducta de leer se puede haber extinguido totalmente. Y ya no sabemos leer.

Se han estudiado las condiciones que generan una resistencia a la extinción. Éstas se fundamentan básicamente en *un reforzamiento impredecible pero probable*. Podemos poner como ejemplo los juegos de azar. Las personas adictas a estos juegos se creen atraídas por el premio grande, que tiene un fuerte atractivo, pero el mantenimiento de la conducta se lleva a cabo por la influencia de los premios pequeños que ocurren con mayor frecuencia. Si estos no existieran, la conducta sería muy débil. Las *máquinas tragaperras* generan una fuerte adicción porque dan pequeños premios con mucha frecuencia. Y la gente, según va ganando esos premios pequeños, los vuelve a meter en la máquina. El rendimiento es negativo porque la gente echa más dinero del que da la máquina. El jugador no se da cuenta de esto porque su conducta no está controlada por razonamientos matemáticos.

También se sabe que *una serie de secuencias repetidas de aceleración y extinción de una conducta* tiene la propiedad de hacerla resistente a la extinción. Es por eso recomendable, cuando se controla una conducta, usar esa secuencia. También es bueno reforzar la conducta de una manera aleatoria con premios en metálico de variable cuantía. Los padres suelen darle cierta cantidad de dinero a sus hijos para gastos. Se puede aprovechar esta costumbre para reforzar las conductas estudiosas y laboriosas con dinero no esperado. O sea, que el dinero para gastos que damos a los niños lo usamos como si fuera un reforzador. No debemos esperar a que ellos lo pidan.

4.8. Desgaste de reforzadores

Ya hemos comentado el poder de los reforzadores. Piense ahora en los reforzadores primarios. Aunque el agua que bebemos puede ser siempre la misma, también ingerimos agua en forma de cerveza, refrescos, vino, etc. Y lo podemos hacer en forma de té, café, sopa, leche, etc. Estos alimentos tienen agua en buena proporción. Aunque cualquiera de ellos puede ser agradable de tomar, está claro que si tomamos siempre la misma comida nos cansamos de la monotonía.

Supón que eres un niño y llegas a un colegio donde un maestro reforzante te dice con frecuencia: *¡Qué niño tan inteligente!* Al principio, te resulta agradable oírlo. Pero, al cabo de unos días, te llega a cansar porque te parece artificial. Te has saciado de esos halagos.

Está claro. Si usamos siempre los mismos reforzadores, éstos pierden algo del placer que tienen. Para evitarlo, se deben cambiar con cierta frecuencia. Eso quiere decir que los reforzadores verbales deben tener fórmulas muy variadas. Unas veces decimos una cosa y otras algo diferente. Si tenemos dificultades de espontaneidad verbal, debemos pensar con calma diferentes fórmulas de halago y alabanza para el niño. Las vamos escribiendo en un papel y las vamos memorizando. También se puede cambiar la entonación o el tono de voz. Con niños pequeños se puede hacer un poco de comedia: exagerando los gestos o haciendo payasadas. Esto les resulta muy divertido.

También se les puede sorprender con reforzadores inesperados como: *Has hecho un trabajo tan bueno que nos vamos a dar un paseo por el parque.*

Quien dice el parque, dice cualquier otra cosa que pueda ser interesante, como ir al zoo o al cine.

Las golosinas deben ser variadas y de escaso volumen. Si le damos a un niño una barra de golosina de 30 o 50 gramos, vamos a generar saciedad enseguida. Y, por tanto, este tipo de golosinas pierde su poder. Sólo lo podríamos usar una sola vez por cada sesión de reforzamiento. Y el reforzamiento tiene una gran parte de su poder en la frecuencia con que ocurre. Recuerde las máquinas tragaperras. Existen muchos premios pequeños que mantienen la conducta.

Existen novedades del tipo estrellas de plásticos plateados, muñequitos, cochecitos, pelotas, etc. Todo esto se pueda usar como reforzador. En el momento que lo damos aceptamos que se genere una pausa, de un minuto o dos, para que el niño disfrute con ese reforzador imprevisto. Pero debe hacerse de un modo imprevisible. De esta manera, con su frecuencia aleatoria se contribuye a generar cierta resistencia a la extinción.

4.9. Reforzamiento de los errores

Existe algo muy importante a tener en cuenta.

> **Solemos imitar las formas de enseñar que se aplicaron con nosotros.**

El método tradicional de enseñar le da una gran importancia a los errores del niño en el proceso de aprender. Las palabras que se usan tienen una intención correctiva. Unas veces son palabras neutras y otras tratan de *castigar verbalmente* a quien se equivoca. Pero, a pesar de las intenciones, estas palabras sobre los niños pequeños se comportan como *reforzadores verbales*.

Si, cada vez que un niño se equivoca, le vamos a decir algo, estaremos reforzando la conducta de equivocarse. Como resultado de ello, se va a equivocar con más frecuencia. Por tanto,

> **Se deben ignorar los errores del niño.**

La conducta de reforzar los errores es tan fuerte que cualquier lector va a saltar de inmediato:

Si no corriges los errores, ¿cómo se va a dar cuenta el niño de lo que está mal? El niño se da cuenta perfectamente, porque sólo reforzamos la conducta acertada; la errónea la ignoramos.

El origen primero de los errores es debido a un proceso normal de aprendizaje. Las primeras memorizaciones de un asunto cualquiera no se pueden adquirir sin errores. En un contexto natural o primario, se consigue memorizar alguna cosa porque la evocación del recuerdo es agradable, o porque causó en nosotros una fuerte sensación aversiva. Pero desde el punto de vista de la conducta social, el proceso de recordar se inicia por el reforzamiento del lenguaje hablado. El recordar algo es agradable porque lo reforzamos. El reforzamiento sistemático de las memorizaciones verbales genera un incremento de la capacidad de nuestra memoria verbal. Y aquí nos referimos a la memoria en su contexto escolar.

En un proceso de memorización, ¿cuantos errores podemos esperar? Eso será función de diversas variables.

a) De una parte, está el historial del niño. Si un niño tiene una historia en la que se han reforzado mucho los errores, presentará más errores que otro.

b) Considere el entrenamiento de la memoria. Cuanto mayor sea el entrenamiento, menor será la frecuencia de los errores.

c) También hay que tener en cuenta la velocidad con que corre el programa de enseñar un asunto. Éste no se debe llevar tan rápido que el niño no tenga tiempo para memorizar bien todos los elementos. Se precisa un buen número de extracciones y reforzamientos para memorizar bien.

Resumen

Recordamos que la conducta básica está guiada por expectativas agradables. Y que algunas conductas útiles no eran agradables por sí mismas. Es por eso necesario asociarlas con contingencias agradables. La coincidencia de estas ocurrencias agradables con la conducta produce un efecto llamado reforzamiento que incrementa su frecuencia. Esto nos hizo hablar de los reforzadores primarios y los condicionados. Se hizo un repaso sobre las distintas fases de una conducta, línea base, aceleración, mantenimiento y extinción. También se habló de los aversivos y de sus propiedades. Además se comentó sobre cómo establecer la resistencia a la extinción y sobre el desgaste de los reforzadores. Se habló sobre los efectos indeseables de reforzar los errores. ¿Se acuerda de estos conceptos?

5
Creación de una conducta

Hemos hablado ya bastante sobre el modo de reforzar una conducta. Pero la mayor parte de las conductas interesantes no son tan simples como chuparse el dedo.

Las conductas que nos interesan son operaciones complejas, como escribir, leer, razonar, operar con magnitudes, memorizar repertorios verbales, etc. Es decir, se componen de diversos elementos de conducta diferentes.

Para poder establecer cualquiera de estas conductas complejas se debe empezar por considerar si el niño está controlado por los estímulos de petición. Traducido al lenguaje corriente, esto quiere decir que debemos considerar si el niño obedece cuando se le pide alguna cosa.

Incluso, el hecho de obedecer significa que el niño está controlado por los estímulos del lenguaje. Es decir, que sabe hablar y entiende lo que le dicen. Vemos que para establecer una conducta cualquiera se precisan otras de rango precedente. Si esas conductas previas no están bien instaladas, es imposible arrancar con cierto programa. Esto es lo que ocurre en la escuela. Hay un programa universal en la escuela para enseñar a leer, a escribir, etcétera. Pero algunos niños casi carecen de lenguaje, o están pobremente equipados para ejecutar ciertas operaciones lógicas o simbólicas; otros no están bajo el control de la obediencia. Una carencia relativa de lenguaje implica una deficiencia de la memoria verbal y, probablemente, una incapacidad para mantener la atención.

Y todo esto puede ser un síntoma de *hospitalismo* originado por una deficiencia del reforzamiento.

Supongamos que el niño ya tiene instalado su programa de lenguaje, de obediencia, de persistencia en una tarea, etc. ¿Qué nos falta? Supongamos que queremos enseñarle a escribir. Pues bien, lo tenemos algo difícil si el niño no tiene cierto adelanto con el programa de leer. Si fuera así, le deberíamos estar enseñando a leer y a escribir en dos programas paralelos. Supongamos que no hay problema para empezar con la escritura. El niño debe aprender a coger el lápiz y hacer unos trazos sobre un papel.

Quiero decir que en el aprendizaje de cualquier programa de conducta existen unos precursores de la conducta. Debemos cerciorarnos de que el niño tiene las habilidades antecedentes necesarias para cada programa.

Pero una conducta cualquiera suele ser compleja y tiene diversos componentes. Es necesario reforzar esos distintos aspectos de cada conducta si queremos que quede bien instalada.

5.1. El habla

Aprender a hablar se compone de varias fases, que se adquieren en secuencias sucesivas. Cada una de estas fases está controlada por los reforzadores ambientales que participan en la transferencia del lenguaje.

Esta transferencia tiene una gran complejidad. En general, los padres inician esta tarea de un modo inconsciente. Es decir, lo hacen sin haber estudiado nunca los detalles del proceso en ninguna parte. Y lo más curioso es que lo hacen muy bien.

Naturalmente, la inteligencia de un niño depende en gran parte de la eficacia con que le enseñamos el lenguaje. Por eso, creo que resulta muy fácil encontrar una correlación positiva entre el vocabulario de un niño y su cociente de inteligencia. De hecho, si observamos el test de inteligencia de Terman-Binet, vemos que está íntimamente asociado con el lenguaje. Y lo mismo podemos decir del test de Wechsler, el de Madurez Mental de California y otros parecidos. Incluso las pruebas de operaciones con magnitudes también están asociadas al lenguaje. El niño recibe el problema de un modo verbal, lo analiza semánticamente, y le aplica una solución que se expresa también con palabras. Pero esta respuesta no es posible si no se entiende la proposición del problema, y si el niño no conoce los repertorios operativos capaces de darle solución al problema presentado. Simultáneamente, las operaciones con magnitudes, por simples que sean, no pueden existir en el vacío. Con esto quiero decir que si un niño junta tres canicas con cinco más y las mete en una caja, con esto sólo no está sumando. Para sumar necesita ejecutar una operación simbólica contable. Y esto implica ciertas palabras. Imaginemos un niño del Kalahari. Los indígenas del Kalahari sólo tienen palabras para tres números y cinco magnitudes extra. Los números van del uno al tres, y las magnitudes son *nada, poco, mucho, rebaño pequeño* y *rebaño grande*. En la rara ocurrencia de necesitar la expresión de un número superior a tres se enseñan los dedos. Vemos que aquí las matemáticas son diferentes, porque las necesidades y los símbolos son diferentes.

Por tanto, si queremos desarrollar, *de un modo óptimo*, la inteligencia de nuestros hijos, debemos tener una idea razonable de los principios involucrados en el lenguaje. Hablar implica escuchar, entender, responder, hacer preguntas, memorizar, adquirir un vocabulario, etc. Todas estas actividades están sujetas a cierta disciplina, propia del lenguaje. Pues éste no puede ser una arbitrariedad personal hecha de símbolos sonoros; es una arbitrariedad social. Cada una de estas habilidades, como escuchar, hablar, responder, etc., se deben reforzar por separado. Para conseguir todo esto se requiere un buen lote de trabajo. Hablar con el niño, contarle historias y hacerle preguntas. Es muy importante hacerle preguntas al niño y esperar que las conteste. No sólo le debemos contar historias al niño, debemos provocar que él también nos las cuente a nosotros. Esto desarrolla la memoria.

ADQUISICIÓN DEL HABLA

Balbuceos

↓

Variaciones fonales, ecolalia monosilábica

↓

Ecolalia bisilábica: papá, mamá, tata,

↓

Asociación de palabras con objetos o seres vivos

↓

Auxiliares de la lengua (artículos, adjetivos, etc.)

↓

Adquisición de los verbos

↓

Frases cortas de 3 a 6 palabras

↓

Mensajes compuestos con varias frases

↓

Cuentos de 20 o 30 palabras

↓

Mensajes con cientos de palabras

La conducta de aprender a hablar presenta una serie de escalones, o fases de adquisición, que se muestran en este esquema. Esto no quiere decir que se trate de escalones sucesivos e independientes. Pues aún no se tiene adquirida una fase plenamente cuando ya se están adquiriendo elementos del escalón siguiente. Los primeros escalones se agotan en el primer año de vida, pero la adquisición de los escalones siguientes se prolonga durante mucho tiempo. Se van adquiriendo continuamente palabras, verbos y modos de expresión nuevos, especialmente durante la infancia y la adolescencia. Luego la cosa se ralentiza y, exagerando, se puede decir que se aprende lenguaje a lo largo de toda la vida.

El ritmo y la eficacia de la adquisición del lenguaje es una función del reforzamiento y del tiempo invertido. Sólo el reforzamiento hace que el niño tenga un gran interés por adquirir el lenguaje. De padres lacónicos salen hijos lacónicos; es decir, gente de pocas palabras.

En las etapas avanzadas del lenguaje, como en el caso de la lectura, la persona es reforzada por los elementos placenteros que se evocan al leer. Eso dejando aparte que la lectura misma se haya vuelto reforzante condicionada por influencia de los controladores educativos.

Anomalías del lenguaje

Los padres que sean parcos en palabras tendrán poco placer en hablar con los niños. De este modo se traslada esta parquedad lingüística de los padres a los hijos.

Asimismo, los padres que le den un gran importancia a *los errores de pronunciación,* van a reforzar esos errores de los niños al insistir en comentarlos. Si se refuerza, con comentarios, la *inseguridad verbal* de un niño se va a incrementar la frecuencia de las *interrupciones* y *los cortes en las palabras*. Esto puede acabar en un *tartamudeo* más o menos grave.

Adquisición de la memoria

En las primeras etapas del lenguaje, *entre 12 y 24 meses de edad*, el niño presenta una memoria de plazo corto que le permite recordar lo que se está hablando en esos momentos. Pasadas unas horas, el niño puede tener olvidadas las palabras más recientes que se han comentado. Pero las palabras más veteranas ya se han consolidado en la memoria y se manejan con cierta facilidad. Desde este punto de vista, podemos decir que *la memoria se consolida con la repetición frecuente de las palabras*. Pero estoy hablando de palabras con significado visual. Las palabras carentes de significado visual, como las palabras abstractas, las frases de origen extranjero, o *culterano*, se pueden memorizar también, pero se requiere mucho más esfuerzo.

Un niño no puede tener un buen conocimiento del idioma si no se ejercita bastante hablando con alguien. Con escaso ejercicio verbal, el niño sólo adquiere una fracción de las palabras con más alta frecuencia. Estas palabras son unas ochocientas y representan algo próximo al 85 por 100 de las palabras presentes en cualquier lengua europea. Con esta riqueza de lenguaje, el niño no comprenderá un mensaje, o una pregunta, de mediana complejidad. Esto se refleja en el test de inteligencia como una ausencia de respuesta, o una respuesta errónea.

Según avanza la adquisición del lenguaje, *de los dos a los tres años*, el niño es capaz de recordar cosas, o mensajes cortos, que se hablaron ayer o en días anteriores. Esto se puede acelerar reforzando las respuestas válidas a las preguntas que se le hacen. En la etapa inicial de este entrenamiento sólo podemos esperar respuestas muy fragmentadas.

En esta misma etapa se consolida la capacidad del niño de recordar un resumen verbal de un cuento, o de alguna narración, de 10 o 20 palabras. Se facilita el proceso de recordar presentando preguntas sobre los diferentes elementos que faltan en el resumen. A medida que el niño adquiere habilidad para esta tarea se van incrementando la longitud de los mensajes, hasta 50 o 100 palabras. Estos ejercicios se complementan con memorizaciones de las historias leídas en días anteriores. Este tipo de ejercicios permite el desarrollo de la memoria verbal del niño. Esta facultad le será muy útil en la educación escolar y en las etapas avanzadas de una carrera.

Estimamos la inteligencia de los niños de modo intuitivo, por su conocimiento del lenguaje. Esto se refleja en la memoria y en las habilidades cognoscitivas del niño. No podemos intercambiar mensajes si nos falta esa facultad que llamamos la memoria verbal, aunque la ausencia de lenguaje no impide la memoria de ciertos conocimientos sensitivos. Este sería el caso de los animales que poseen un vocabulario muy restringido.

Vocabulario incomprensible

En los ejercicios verbales que se proponen se debe evitar la tentación de presentar historias incomprensibles o con una riqueza excesiva de vocabulario. En este sentido, al presentar alguna palabra nueva en un mensaje se deben colocar puentes semánticos que hagan inteligible esa palabra. Esto acelera el proceso de adquisición de palabras nuevas. Vamos a ver un ejemplo propio para un niño de 3 a 5 años.

El tío Luis miraba las altas montañas del Indo-Kush. Son tan altas, tan altas, esas montañas que las llaman **inaccesibles.**

La gente se cansa mucho subiendo a esas montañas y casi nadie llega hasta allí. Ni las cabras ni los pájaros llegan tan alto. Así son las montañas **inaccesibles** en ese lugar lejano que se llama el Indo-Kush.

El placer de la palabra debe estar siempre asociado con la inteligibilidad del mensaje. Si reforzáramos el placer de contemplar *mensajes incomprensibles,* el niño adquiriría una memoria verbal que puede ser indiferente al significado de las palabras. Esto hará que el niño sea poco sensible al *conocimiento real.* Por tanto, se sentirá bien entre textos incomprensibles, o escasamente comprensibles. Un país con abundantes académicos de esta clase, tiene mal hipotecado el desarrollo tecnológico y científico. Si queremos algo mejor, debemos reforzar la *descriptación* semántica, cuando es posible, y la memorización de lo que se entiende.

5.2. La lectura

Un buen predecesor de la lectura es el interés, o deseo del niño, por aprender a leer. Este interés se adquiere cuando *aprende* que las cosas *que mamá lee* son muy interesantes. Para conseguir que el niño aprenda esto, se le deben dar reforzadores por poner atención a una historia leída. Y sabemos que sólo pondrá atención a la historia si existen consecuencias inmediatas y reforzantes para esa atención. Si no lo hacemos así, esa lectura no sería otra cosa que *un rollo.* Los niños normales califican de *rollo* a los repertorios verbales sin interés subjetivo.

El proceso de aprender a leer empieza por el reconocimiento de las letras, una por una, o agrupadas en palabras. Reconocer las letras consiste en asociar el sonido que tienen con su forma. Luego se van aprendiendo las palabras escritas y se asocian con el significado que tienen haciendo comentarios verbales. Lógicamente, todo esto se consigue con la máxima eficacia reforzando apropiadamente los aciertos e ignorando los errores. Cuando el número de letras es suficiente, se propone la lectura de frases, cortas primero y largas más tarde, y se provoca reconocer el sentido que tienen. Para ello se repite la frase leída. Esto facilita asociar la frase con el significado que evoca en el cerebro. Esto implica la necesidad de evitar las palabras incompresibles.

Más tarde, al saber casi todas las letras, se proponen como lectura párrafos cortos de 25 o 30 palabras. Y se interrumpe la lectura para comentar el sentido general que tiene lo que se ha leído.

En etapas más avanzadas, al terminar una lectura de cincuenta palabras, se pedirá al niño que comente o haga un resumen de lo que se ha leído. Para facilitar esta conducta, se le hacen preguntas al niño que le ayuden a completar una sinopsis (resumen). Se trata de conseguir que la conducta de leer no sea un acto mecánico carente de significado cognoscitivo. El sentido de la lectura pasa por entender y retener (memorizar) la sustancia fundamental de un mensaje. Si no se hace así, no se aprende a leer.

Redundando en mis comentarios sobre el lenguaje, no me parece recomendable hacer que los niños lean temas que les resulten incomprensibles. Esto genera un hábito malsano de indiferencia por la lectura. Si algo que se lee nos sorprende con algún elemento incomprensible se deben buscar de inmediato las claves para su comprensión. Eso implica para los padres hacer alguna selección de los textos que se van a leer.

En etapas superiores, el sujeto trata de recordar fragmentos de algo leído ayer, o en días anteriores. Con esto el niño va desarrollando su memoria verbal desde muy temprano. Si lo hacemos así, la conducta de leer adquiere un significado funcional muy pronto.

5.3. La escritura

Este proceso empieza por aprender a coger un lápiz y hacer garabatos sobre un papel. Luego se aprende a hacer monigotes. Más tarde, el niño va aprendiendo a reducir el tamaño de los monigotes que se hacen.

Al principio, no nos preocupa cómo coge el lápiz con tal de que haga trazos. Poco a poco, le vamos enseñando a coger el lápiz con mayor precisión, y le vamos reforzando para hacer trazos cada vez más pequeños. Luego le reforzamos para que pase el lápiz sobre ciertos pictogramas impresos en un cuaderno, o una lámina de dibujo. Cosas como muñecos, flores, árboles, estrellas, etc. Luego tratamos de conseguir que *los lea*. Es decir, que diga sus nombres: triángulo, pelota, flor, etc. Luego, le pedimos que los haga directamente sobre el papel, sin ayuda. Así, el niño aprende que esos dibujos son símbolos de ciertos objetos.

Cuando se llega a esta fase, se le pide hacer una secuencia ordenada de signos, como palotes, o alguna letra sencilla. En las etapas que siguen se va desarrollando una buena parte de la complejidad de la escritura. Pero es un proceso que se va estableciendo lentamente, yendo de lo sencillo a lo complejo en cuanto a la ejecución. Respecto al tiempo de trabajo, se va pasando de los 10 a los 20 minutos diarios de un modo gradual. Cuando se crea conveniente pasar de los 20 minutos diarios, es mejor dividirlo en dos períodos separados por un descanso para jugar durante 10 o 15 minutos.

No creo necesario recordar que todo el trabajo debe ir bien controlado con los reforzadores. De ese modo, se reducen al mínimo las resistencias y se adquiere el máximo rendimiento posible del tiempo empleado.

No debe ir muy avanzado el proceso de aprender a escribir, cuando el niño aprende a ordenar sus ideas sobre lo que se ve o lo que se oye y las pone por escrito. De este modo, aun cuando su habilidad escritora esté distante, se pueden proponer ejercicios del estilo *escribe lo que ves*. Para que el niño tenga una idea de lo que esperamos de él, le podemos presentar algunos modelos. Cosas como *papá tiene una pelota*. Cuando eso resulta simple, se puede pasar a cosas como *papá tiene una pelota en la mano*. Y cosas como *hay una pelota en la mesa, mamá se sienta en la silla,* etc. Cada vez que el niño consigue *escribir lo que ve* le reforzamos, al menos, verbalmente. Esta manera de proceder hace la tarea de escribir más interesante y menos mecánica. Se puede decir que se pasa de las tareas repetitivas a las creativas.

Un ejercicio más avanzado consiste en que el niño lee un párrafo, rememora las ideas generales, y las pone por escrito. El desarrollo de esta habilidad puede llevar bastante tiempo. Pero tiene una asociación íntima con las necesidades del niño estudioso que se prepara para hacer una carrera exigente.

Un ejercicio interesante tiene relación con la composición. Muchas personas inteligentes tienen dificultades con esto. Se deben proponer al niño ejercicios de composición sobre alguna experiencia reciente. Una historia de la tele, un paseo por el parque, la visita de la tía Encarna, los juguetes del primo Eduardo, etc. Al niño esto le puede parecer difícil. Así que se le pide que vaya diciendo las cosas que recuerda y se van escribiendo en una lista. Cuando aparece agotado el recurso, se toma un elemento de la lista y se intenta recordar

cosas asociadas con él. Luego se toma otro, y así sucesivamente.

5.4. Razonar con lógica

Existen diferentes tipos de lógica, pero todos están
asociados al lenguaje.

Lógica de la lengua

Los primeros conocimientos de lógica que se adquieren tienen que ver con el lenguaje hablado. Cada lengua
tiene unos modelos para expresar significados. Digo
modelos, porque las lenguas se han mezclado y se han
influido las unas a las otras de modo que en cualquier
idioma conviven los restos de diversos modelos, junto
con derivaciones erráticas o excepciones de origen caprichoso.

En cualquier caso, el niño va adquiriendo un modelo
de lenguaje que tiene una lógica propia. Y con esto me
refiero a que el significado de las palabras, solas o asociadas, tiene cierta consistencia y una relativa estabilidad
en el tiempo. Es decir, el lenguaje está sujeto a ciertas
restricciones que le sujetan. Así que las palabras no pueden presentar un orden arbitrario cualquiera, aunque se
admiten diversos grados de libertad en la asociación de
las palabras.

Las restricciones son de tipo sintáctico y de tipo se-
mántico. En cierto sistema verbal no podemos decir una
cosa como *temprano no por mucho más madrugar amanece,*
porque alteramos demasiado el orden habitual de las
palabras. Tampoco podemos decir, *los elefantes revolotea-
ban alrededor de la farola,* a no ser que queramos generar

una impresión de extrañeza o delirio de la fantasía. El lenguaje, al expresarse, tiene por misión habitual provocar la creación en nuestro cerebro de imágenes analógicas del mundo real, aunque la creación de fantasías por parte del lenguaje tiene también su función, que suele ser el entretenimiento. Esto lo podemos ver bien reflejado no sólo en los mitos de la antigüedad, sino en una gran parte de la literatura, la pintura y el cine.

Dentro de la lógica del lenguaje existen unos ejercicios interesantes. Consisten éstos en recomponer un puzzle de palabras y formar una frase con sentido, o más de una, si fuera posible. Otro tipo de ejercicios consiste en proponer variaciones a una frase donde falta una palabra. Se trata de buscar una serie de palabras que podrían ir en ese lugar. También se puede alterar el orden de las palabras de una frase en busca de significados diferentes. Éstos son ejercicios de operaciones con palabras.

Lógica de las percepciones

Una segunda parte de la lógica se relaciona con la percepción de la realidad. En la memorización de los elementos reales del entorno, éstos presentan una cierta consistencia o estabilidad. Al adquirir estos conocimientos sabemos lo que se puede esperar del entorno y de la realidad. De este modo, cuando alguien trata de engañarnos, es preciso que lo haga sobre elementos poco conocidos o desconocidos. La inteligencia de lo real tiene su magnitud en el conocimiento sistemático de las cosas y los seres de este mundo. Este conocimiento es, por fuerza, limitado.

Pero la realidad de los objetos tiene otras propiedades que son menos visuales, y se descubren con motivo de ciertos juegos verbales. Jugando con las palabras, se puede uno dar cuenta que un objeto cualquiera no puede estar, simultáneamente, dentro y fuera de una caja. O que tampoco puede estar a un tiempo delante y detrás, o encima y debajo de algún objeto concreto. Una cosa puede ser mayor o menor que otra, pero no puede ser ambas cosas a la vez. Este descubrimiento de las restricciones presentadas por los objetos en el mundo real, derivan de una operación verbal sobre las percepciones sensoriales. Si no fuera así, este descubrimiento estaría al alcance de un perro o de un gato que tienen también percepciones sensoriales. Así que, es obvio, estos descubrimientos lógicos elementales pertenecen al reino del lenguaje y se expanden con él.

Los cazadores del Kalahari viven restringidos, o acorralados, por el medio; es por esto que no tienen oportunidades para desarrollar este tipo de alardes verbales. Están sumamente ocupados en aprender, justo lo necesario, para encontrar vegetales y algo de caza. Y aunque poseen cierto repertorio verbal para una comunicación primaria, e incluso festiva, ésta es muy elemental. Digamos que no les queda mucho tiempo libre para filosofías. Esto les ocurre a otros muchos pueblos cazadores recolectores, pescadores y pastores nómadas del planeta. Tienen unos conocimientos técnicos precisos para sobrevivir en un medio hostil, pero su lenguaje es funcional, preciso y suficiente. Eso significa que carecen de toda esa hipertrofia lingüística de los pueblos con abundancia de tiempo excedente y grandes posibilidades de comunicación verbal.

La lógica de las operaciones contables

La manipulación y observación de los objetos reales tiene un modo de expresarse por medio del juego contable. Como subproducto de este juego aparece nuestra percepción de la estabilidad de los objetos contables. Es decir, la idea de que éstos no aparecen, o desaparecen, por sí solos de un modo mágico o caprichoso. De modo que si a un conjunto le faltan ciertas unidades, éstas deben estar en otra parte. Y al revés, si se observa algún incremento en un conjunto conocido, este incremento vino de algún lugar. Y allí alguien lo puede echar en falta. Estas cosas se aprenden contando durante cierto tiempo y no con verbalismos. Pero operar de un modo contable no es posible sin el lenguaje. El lenguaje presenta una secuencia de jerarquías reconocibles, uno, dos, tres, cuatro... 25, 26, 27, 28... No es posible contar u operar contablemente si se carece de lenguaje numérico. Un chimpancé puede imitar las acciones de un niño contando. Pero esa imitación sólo afecta a la apariencia superficial del acto. El chimpancé carece del código simbólico de los números y por tanto no puede contar. Un niño sordomudo podría también hacer estas imitaciones y no sabría contar. Para que lo hiciera, tendríamos que ponerlo en algún programa de adquisición de símbolos numéricos que no fueran palabras, imposibles de oír, ya que es sordo.

Imaginemos un niño que sabe contar de un modo incipiente. Dice los números en una secuencia apropiada, pero ignora el significado que poseen de rango o comparación. Es decir, no sabe que siete es mayor que cinco. Si, por alguna razón, ignora el sentido de la jerarquía de los números, tendríamos un niño con problemas en clase de matemáticas. Los números adquieren un sentido de jerarquía al contar objetos. Éstos pueden ser boliches, estampas, lápices, botones, judías, etc. Al contar, el niño va viendo que el montón de objetos crece de volumen. Si no se hacen estos ejercicios verbales, el niño no tiene un sentido claro del número.

Existe cierta restricción en las comparaciones de los objetos en función de ciertas magnitudes. Una cosa no puede ser mayor ni menor que ella misma, ni mayor y menor, a un tiempo, que otro objeto concreto, etc. Existe toda una serie de propiedades de los objetos observados, como la conservación de la masa, que se pueden adquirir mucho antes de lo habitual, por medio de experiencias contables apropiadas. Una cierta cantidad de bolas o de fichas no aumenta, ni disminuye, al alterar la manera de ordenarlas, sea en hilera, en círculo, haciendo una pila, metiéndolas en una caja, sacándolas de ella, etc., aunque es fundamental que el niño aprenda que ciertas sustancias pueden desaparecer de la vista. Tal sería el caso del agua que se evapora, el terrón de azúcar que se disuelve en un vaso de agua, etc. Obviamente, el niño debe aprender algo sobre la naturaleza de estas desapariciones. Pero este aprendizaje debe ser más empírico que verbal.

Piaget nos cuenta en su obra *Psicología del niño* (1972) la historia de un niño jugando con una bola de barro. Al arrollarla en forma de salchicha le parecía que se había vuelto mayor o menor. La respuesta dependía de la dimensión observada; si se fijaba en la longitud era mayor, si en el grosor era menor. Existe un momento inicial en el que el niño tiene dificultades para considerar dos variables de un modo simultáneo. Pero puedes hacerle ver la constancia de la materia, sustituyendo la arcilla por cierto número de boliches. Los puede ordenar dentro de una bolsa, los puede colocar en fila, los puede asociar en círculo, o en tres hileras contiguas, etc. La apariencia visual va cambiando, pero el número de boliches sigue siendo el mismo. Esto permite la construcción de una analogía. Si volvemos a la arcilla, ésta se puede pesar con una balanza de cocina para ver que su peso es constante, cualquiera que sea la forma que presente. Con esto quiero decir que ciertos conceptos abstractos sólo se perciben con las experiencias apropiadas.

Cuando esto está claro, puedes tratar de «hacerle ver» que existe una perdida de masa, aunque muy pequeña. Para ello, le haces ver el barro adherido en sus manos. Se hace el intento de recuperar esa masa insignificante con un cuchillo y luego tratar de pesarla. Vano intento. Es una masa tan pequeña que no se puede pesar con esta balanza de cocina. Pero existen balanzas de precisión que sí pueden medir este peso. Sin embargo, los boliches de cristal no están hechos con materia que se adhiera a las manos. ¿Podríamos decir que los boliches no pierden masa? Tal vez la pierden. Pero en todo caso, sería muy poca cosa. Tal vez sólo pierden algunos átomos o algunas moléculas. Si examinamos un boliche de cristal con una lupa potente, podemos ver que tiene pequeños cráteres. Es materia perdida al golpearse contra el suelo. También es casi seguro que al frotarlo con nuestras manos, o con una gamuza seca, pierde numerosos electrones. ¿Pero cuánto pesan esos electrones? Tenemos tema de sobra para sugerir ideas y posibilidades.

Si estas adquisiciones lógicas se demoran, el niño las podrá adquirir mucho más tarde en un proceso muy lento. Esto no es ninguna ventaja. Muchas de las adquisiciones cognoscitivas de la escuela tienen relación con la facilidad para manejar ágilmente toda una serie de elementos lógicos. Y si falta esa facilidad, el niño puede tener problemas de entendimiento con lo que oye o lee. ¿No te lo crees? Piensa en las probabilidades que tienes de memorizar una frase de tres segundos en coreano. Supongo que no conoces este idioma. ¿Cuantas veces debes oír esa frase para poder repetir la secuencia de sonidos? ¿Diez, veinte, treinta? Ciertos conceptos lógicos son poco familiares en el mundo cotidiano y al oír hablar de ellos parece que hablan en coreano.

Esto ocurre con las personas de bajo nivel social. Hablan muy poco. Y las cosas que se dicen, los unos a los otros, se refieren a los asuntos más prosaicos de la vida. No tienen ninguna experiencia cultural para ejercitarse en discusiones verbales sofisticadas. Y no se les ocurriría ejercitarse en todas esas disquisiciones que se mencionan en estas páginas.

Se me ocurre que la lógica es, cuando menos, una subdivisión del lenguaje. De tal modo que, si existen deficiencias en la transmisión del lenguaje, es fácil asumir que también se van a presentar deficiencias en la adquisición de la lógica.

5.5. El cálculo

Este campo pertenece al sistema de la lógica. Calcular tiene como punto de partida el acto de contar elementos con rango unidad. Se pueden usar fichas de parchís, monedas o algo parecido para hacer pilas de cantidades.

El arte de contar

Luego se aprenden a contar las agregaciones (suma) y las segregaciones (resta) de los distintos elementos. Se aprende también a contar los elementos reales a saltos, por ejemplo: 2, 4, 6, 8, 10, etc. Se aprenden agregaciones sucesivas; de dos en dos, de tres en tres, de cinco en cinco, etc. Se ensaya ordenar las cantidades en pilas numeradas de cinco en cinco y de diez en diez y se cuentan. Se aprende el orden inverso de los símbolos verbales: 100, 90, 80, 70, o bien 100, 95, 90, 85, etc.

Se puede jugar a sumar y restar de un modo real, con fichas o garbanzos. Se dibuja sobre un cartón un cuadrado con una puerta de entrada por arriba, otra por la izquierda y una de salida por la derecha. Se rotula el signo

+1 o +3, u otro número, menor de diez, junto a la entrada de arriba. Se señala con unas flechas las direcciones de entrada y salida. Entonces se juega con el niño a sumar. Metemos cierta cantidad de fichas por la izquierda y el niño agrega por la puerta de arriba +1, +2, o el número que sea. Cuenta en voz alta las fichas que llegan y le añade contando la cantidad rotulada, sacándolas por la puerta de salida. El niño debe recibir reforzamiento por hacerlo bien. De este modo, con el signo « +» o «–» delante del número, va aprendiendo a sumar o restar cantidades pequeñas. Igualmente, se puede representar una máquina de multiplicar por dos o por tres, etc. O una máquina que divide. Con estos juegos, el niño adquiere una memorización inicial de las tablas aritméticas de sumar, restar o multiplicar.

Se debe ejercitar el hábito de sumar o restar mentalmente números repetidos, o el de dividirlos en mitades, tercios, cuartos, etc. No se trata de convertir al niño en una calculadora, pero, si se hacen estos ejercicios, el niño tendrá buenos reflejos matemáticos en la escuela.

Los símbolos numéricos

Se debe aprender a ordenar los objetos contables según el sistema decimal, y un poco según el sistema binario o hexadecimal. Esto tiene relación con esas formas de numeración. Se pueden aprender muy bien encargando en una serrería una serie de bloques que sean capaces de representar el simbolismo decimal. Se usan 50 cubitos pequeños, de 1 cm de lado, para representar las unidades, veinte barras de 10 por 1 cm para las decenas, veinte placas de 10 × 10 cm para las centenas, y cinco o diez cubos grandes, de 10 × 10 × 10 cm, que simbolizan el millar. En una de las barras se hacen las diez marcas con un bolígrafo para recordar que vale 10 unidades; en una plaqueta de 100 se cruzan las dieciocho líneas que dividen la placa en 100 unidades; y en un taco de 1.000 unidades se puede iniciar el mismo rayado, sin acabarlo, para dejar el resto a la imaginación del niño.

Con estas piezas de madera se puede hacer una buena representación del concepto decimal. El niño aprende a manejar conceptos como la suma, la resta, e incluso alguna multiplicación discreta. Se puede dar cuenta si le falta algún bloque y usa un rotulador sobre un papel para expresar las piezas que le faltan. Por ejemplo, 2M significa que le faltan dos bloques de mil, 3C que necesita tres placas de cien, etc. De los bloques de madera puede pasar a la expresión escrita del tipo siguiente 3M, 4C, 5D, 3u, que sería la expresión 3.453 unidades. Con estos ejercicios, el niño adquiere familiaridad con diversos símbolos numéricos más intuitivos. Esto le da una gran seguridad psicológica. A partir de aquí se pueden comprender los números arábigos fácilmente.

Cuando la numeración decimal está bien establecida, se puede hacer algo similar con los valores de las potencias de dos. Por ejemplo: 1, 2, 4, 8, 16, 32, etc. Los bloques, en este caso, serían diez cubos de 1 cm de lado, varias piezas de $1 \times 1 \times 2$, otras de $1 \times 2 \times 2$, 20 piezas de $2 \times 2 \times 2$, 20 piezas de $1 \times 4 \times 4$, otras de $2 \times 4 \times 4$, etc. Es necesario enseñarle la lógica de apilar los bloques y su relación con la escritura a base exponentes de base 2: $1(2^0) + 0(2^1) + 1(2^2) + 1(2^3) = 1 + 0 + 4 + 8 = 13$. La escritura con exponentes presenta símbolos más fáciles de entender que la retahíla de unos y ceros del lenguaje binario. Esto conduce a entender otros modos simbólicos de numerar las cosas.

La familiaridad con estas operaciones prestan al niño una percepción de la constancia y estabilidad de la realidad. De ahí procede *esa sensación de certidumbre* que fundamenta la fe, a veces injustificada, de los humanos en su propia inteligencia.

La falta de familiaridad del niño con las operaciones contables genera una sensación de inseguridad respecto de las matemáticas y ciencias asociadas. El niño se ve obligado a escuchar razonamientos que no entiende y a realizar operaciones que le resultan incomprensibles. Un subproducto de esta situación es que el niño deja de prestar atención.

De aquí se pasa al aprendizaje de los algoritmos rutinarios, como la suma, resta, multiplicación y división, propias de la aritmética. Estoy hablando de las operaciones aritméticas que se enseñan en la enseñanza primaria.

Los problemas

Cuando proponemos problemas, usamos palabras y éstas tienen un significado concreto que, de alguna manera, anuncian las operaciones que se precisan. De modo que no podemos disociar las matemáticas del lenguaje.

Veamos un ejemplo relativo a la operación suma.

Pedro tenía cinco manzanas... y *luego le dieron*... *y cogió*... *y le regalaron*... *y encontró*... etc. Todos esos términos, y sus equivalentes semánticos, implican un incremento; aluden a la suma.

Otras palabras implican una resta. Por ejemplo, tenía tantos boliches y *le regaló* a un amigo, *perdió* por el camino, *le quitaron, se le rompieron,* etc.

Las operaciones aritméticas suelen estar indicadas en la descripción verbal del problema. Veamos un ejemplo muy simple.

Pedro tenía 30 ciruelas y *se comió* cinco (una resta). Vinieron cuatro amigos y se decidió repartirlas entre todos los presentes, que se las comieron (una división).

¿Cuántas ciruelas tocaron a cada uno? (resultado de la división). ¿Cuántas comió Pedro en total? (suma del cociente de la división más el consumo inicial). Un niño no entiende este acertijo si no se entrena en estas discriminaciones verbales. Piense que puede haber diferentes palabras con el mismo significado.

Estas asociaciones entre los signos verbales (las palabras) y las operaciones contables son el fundamento de toda la matemática. No se puede esperar que el niño adquiera estos conocimientos por un capricho de las musas. Tenemos que transmitirlo los padres como una parte del lenguaje.

La abstracción

Con frecuencia, se dice de las matemáticas que son abstractas. Esto sirve para justificar lo mal que se enseñan. Las matemáticas son el compendio de las operaciones posibles con magnitudes. Y todas estas operaciones se expresan simbólicamente con palabras o signos gráficos. Debemos estar atentos a que el niño memorice las operaciones reales concretas y no sólo los símbolos que las representan. Debe conocer bien las razones que justifican las operaciones y los algoritmos rutinarios.

Se necesitan ejecutar varios cientos de problemas al año para fijar los conceptos matemáticos en la memoria y evitar que se extingan. Al resolver un problema, debemos extraer del interior del cerebro ciertos datos, discriminar el sentido de las palabras, asociarlo con operaciones conocidas, ejecutar ciertos algoritmos, y poner una solución por escrito. Esto tiene como finalidad mantener bien fresca la memoria respecto al repertorio matemático. Porque los detalles de este conocimiento tienen tendencia a extinguirse si no se extraen con frecuencia. Un niño aprende bien matemáticas cuando es capaz de hacer unos 500 o 1.000 problemas al año. Según avanza la complejidad del conocimiento, se precisan más libros y otros miles de problemas.

5.6. Enseñar un idioma extranjero

Muchos padres tienen ciertos conocimientos de un idioma extranjero, pero su experiencia escolar les ha convencido de que son unos inútiles para aprender idiomas. Esto es lamentable porque a pesar del tiempo transcurrido, cualquier persona estudiosa recuerda todavía unas 600 o 1.000 palabras de inglés o francés. Claro que esto es poco desde un punto de vista formal. No se puede decir que *conoces algo* un idioma mientras no sepas 2.000 o 3.000 palabras.

Las dificultades que padecen los estudiantes con un idioma extranjero le llegan de dos fuentes diferentes.

De una parte, el niño puede tener problemas de memoria en su propio idioma. Esto está causado por un escaso entrenamiento en la adquisición de la conducta verbal en su lengua nativa. Un niño algo atrasado en su lengua madre tiene dificultades para aprender un idioma extranjero.

Y de otra parte, el programa escolar para la adquisición de un idioma extranjero *empieza tarde* y *va muy rápido*. Además, la experiencia estudiosa y lectora de un niño, referida a ese idioma extranjero, resulta insuficiente para memorizar todas las palabras del curso.

Sin embargo, hay niños que consiguen adquirir con éxito un idioma extranjero. ¿Cómo lo consiguen? Suelen empezar a aprender un idioma extranjero a eso de los tres años. Desde que el idioma materno tiene bien colocados los cimientos, ya se puede empezar. Se aprende del mismo modo que se aprendió el idioma materno. Así que los padres que saben algo, empiezan a hacer un inventario de las cosas del entorno de la casa, de la calle, el parque, etc. Y verá que hay un número abundante de cosas que conocen en ese idioma. Así que las palabras que faltan las buscan en el diccionario, toman notas y las estudian. Puede también comprar un libro con dibujos y palabras en ese idioma. Por supuesto, deben aprender el aspecto fonético de la palabra.

Se puede poner como objetivo inicial enseñarle al niño unas 150 o 200 palabras por año, hasta que empiece el primer curso de básica. Para llevar esto a cabo, es recomendable disponer de un libro, o hacerlo uno mismo, con frases relativas a los nombres comunes. Cosas como, *¿Qué es esto? Esto es... una pelota. ¿Cómo se llama esto? Esto se llama... vaso. El libro está encima de la mesa. ¿De qué color es este libro? ¿Cómo te llamas? ¿Cuantos años tienes? ¿Cómo se llama tu padre? ¿Dónde vives?* Etc. En cosa de dos o tres años se pueden aprender 300 o 400 palabras. Con esto se crea una simulación de lenguaje y el niño tiene la sensación de que domina ese idioma. Esto le da seguridad sobre su competencia lingüística. Esto es esencial para que el niño acepte con naturalidad el estudio de ese idioma.

A partir de aquí, sólo se precisa disponer de un buen curso para avanzar rápidamente. El curso ideal debe enfocar la enseñanza en su aspecto de idioma hablado. Y no se debe uno preocupar por las enjundias gramaticales. Es suficiente con captar los modelos más comunes que constituyen la base del idioma hablado. Se deben buscar libros de lecturas graduadas, para facilitar la oportunidad de incrementar el vocabulario. Si el padre o la madre tienen competencia suficiente, se deben hacer ejercicios de memorización con el niño, preguntando sobre las cosas del libro.

Con un buen curso, basado en el lenguaje hablado, el niño puede asimilar 200 o 300 palabras por año. Eso representa, al terminar el octavo curso, que el niño puede adquirir, sumando la etapa preescolar, entre 2.000 y 3.000 palabras. Pero es necesario conseguir que hable y lea en ese idioma durante 20 o 30 minutos diarios de promedio. Esto representa de 80 a 120 horas anuales de práctica. En ese espacio de tiempo hemos tenido la oportunidad de oír o leer de 300.000 a 450.000 palabras. Eso puede indicar que la palabra nueva promedio la hemos encontrado 150 o 200 veces. Esta frecuencia puede ser suficiente para que quede bien memorizada. Pero se debe seguir leyendo.

Resumen

En este capítulo hemos considerado que cualquier conducta es un entramado de diversas habilidades. También se menciona que para empezar a desarrollar cierta conducta se precisan algunas habilidades de rango inferior. No se puede aprender gran cosa de música si uno es sordo. Se vuelve a considerar el lenguaje como el precursor de la inteligencia y se da una explicación somera de los pasos que lleva su adquisición. Leer y escribir son algoritmos simbólicos para descodificar y codificar el lenguaje. Se hacen comentarios sobre la manera de reforzar la adquisición de estas conductas. La conducta «razonar con lógica» consiste en ejecutar un repertorio de reglas verbales sobre lo que es posible, imposible, o simplemente probable. En cualquier caso, es un subconjunto que pertenece al lenguaje y describe ciertas observaciones básicas. Todo nuestro razonamiento científico se fundamenta en esta habilidad y en nuestra capacidad de cálculo. También se habla de la conducta de calcular y se proponen ejercicios para transferir al niño estos fundamentos cognoscitivos esenciales para la inteligencia. Ésta podría ser deficiente si carece de ciertas operaciones elementales con magnitudes. Y acaba el capítulo proponiendo la enseñanza temprana de las bases de un idioma extranjero; si demoramos esto unos años, el niño tendrá dificultades de adquisición.

6
Análisis de la educación

Muchos padres desean que sus hijos aprendan a leer y a escribir, esperan que adquieran los elementos de cultura necesarios para tener cierto rango, desean que sean corteses, alegres, racionales, etc. Así que podemos decir que estos padres están *preocupados por la educación* de sus hijos. Se podría decir que:

> **Educar es tratar de conseguir que los niños adquieran pautas de conducta deseables.**

En este libro ya hemos hablado sobre cómo se incrementan y mantienen las conductas deseables. También hemos comentado algunos detalles útiles sobre qué debemos hacer con los errores y cómo tratar las conductas indeseables.

Los modelos de los pedagogos y filósofos de la enseñanza me han parecido siempre imprecisos. Por eso no me gustan los términos usados en la jerga de la educación. Las palabras especiales usadas en este libro se refieren al modelo propio de la *Modificación de la conducta*. Ésta es una subdivisión poco difundida de la psicología y sus aspectos fundamentales se describen en el capítulo 4 y las siguientes subdivisiones.

Si queremos que un niño aprenda ciertas cosas del currículum escolar, tendremos que pensar con qué medios cuenta la escuela para llevar a cabo este programa.

Para empezar, hasta donde he podido observar, la escuela no parece reconocer el modelo de *Modificación de la conducta* que acabo de mencionar. Y si en los estudios de pedagogía se menciona este modelo, éste se queda perdido en un bosque de comentarios sobre las numerosas teorías alternativas. Éstas son tantas que se necesita una inteligencia detectivesca y mucha persistencia para discriminar sobre la utilidad de todas ellas.

¿Existe alguna diferencia entre lo que se dice en el capítulo 4 sobre el reforzamiento de una conducta y lo que ocurre en la escuela? Naturalmente. En la escuela casi no se usa el reforzamiento. Entonces, uno se pregunta, ¿cómo es que los niños aprenden algo? Los niños aprenden por la acción de los padres en casa. Éstos dedican algunos minutos diarios a reforzar al niño por el acto de estudiar. Y no es necesario que los padres sean especialmente educados. Basta con que acierten, sin saberlo, en la idea de *reforzar* a los niños por el estudio; o que le pidan explicaciones sobre los tópicos escolares del momento. Ahora bien, si los padres sienten cierta repugnancia por los asuntos escolares, parece razonable asumir que eso no lo van a hacer. Como consecuencia, se puede predecir que el niño tampoco va sentir aprecio por los asuntos de la escuela. Una consecuencia de esta falta de aprecio será el fracaso escolar. Y, como reacción, la persona fracasada sentirá rencor contra la escuela y los asuntos científicos.

Hace poco leí una anécdota sobre una pareja de inmigrantes africanos en París. Allí nacieron sus hijos. Los padres conocían mal el idioma francés. Y aunque tuvieron cinco hijos consiguieron encarrilarlos a todos en el estudio. La hija mayor terminó una carrera superior de ciencias políticas y cuenta que, cuando era pequeña, su padre le pedía que le leyera las lecciones una y otra vez. Mientras la niña leía, el padre la escuchaba embelesado.

Su padre le decía: «Lo haces igual que si fueras una niña francesa. Vuelve a leer eso otra vez que me encanta oírte». Luego le pedía a la niña que le explicara las lecciones que había leído. A veces, el padre decía: «No lo entendí muy bien. ¿Quieres volver a explicármelo?» El padre se fijaba mucho en los deberes escolares, aunque no entendía una palabra del asunto. Pero sabía aplicar palabras de alabanza por un trabajo hecho con cuidado. La niña, con estos ejercicios de lectura, fue aprendiendo bien el francés y memorizando todo lo preciso para obtener buenas calificaciones. De esta forma pudo hacer estudios superiores. Y sus hermanos también fueron entrando en la universidad.

Este modelo explicativo, del éxito relativo de la escuela, no veo que se difunda. Las revistas pedagógicas raramente mencionan estos conceptos. O, al menos, yo no he tenido ocasión de leerlo. Imagino que deben existir ciertos motivos. Uno podría ser que no resulta muy halagador para la escuela reconocer estas limitaciones y esta dependencia respecto de los padres. Otra razón podría ser la confesada misión igualitaria de la escuela. Se supone que tratan de dar a todos *una igualdad de oportunidades*. Si reconocieran estas cosas, estarían pregonando la imposibilidad de cumplir con estos ideales.

Oficialmente, la diferente eficacia con que los niños adquieren la conducta estudiosa queda explicada por la diferencia en inteligencia genética de los niños. Según este modelo, los niños inteligentes aprenden mucho y los niños más atrasados aprenden poco. A los padres de los niños que aprenden mal, les suelen decir: «El niño es inteligente, pero se distrae con facilidad». Otras veces se dice: «Es inteligente, pero muy perezoso».

La escuela no tiene en cuenta, de un modo consciente, los principios científicos que controlan la adquisición de una conducta. De modo que se puede considerar como un milagro de origen doméstico que los niños consigan aprender algo.

6.1. Cómo funciona la escuela

Si admitimos que la escuela *enseña*, y eso no se puede negar, debemos encontrar por alguna parte los rastros de los principios que controlan la conducta de aprender.

Para empezar, los niños llegan a la escuela con una habilidad verbal muy diversa. Quiero decir que algunos niños comprenden mejor el lenguaje que otros. Unos están, fácilmente, bajo el control de los estímulos verbales, y otros no. Por tanto, existen niños que captan de inmediato el sentido de un mensaje verbal cuando otros *ni siquiera lo han oído*. Entre ambos extremos se puede situar el alumno medio. Éste capta una parte de los mensajes emitidos por el maestro, pero se distrae con cierta frecuencia.

Mi teoría dice que estas diferencias han sido establecidas por el reforzamiento del lenguaje en el hogar de los niños. Dependiendo de la eficacia de este reforzamiento, los niños tendrán más o menos interés por lo que se dice en clase y diferente capacidad para memorizar. Ambas conductas, poner atención y memorizar, son un reflejo del entrenamiento lingüístico que tenga cada niño. Puede repasar mis comentarios, en el apartado 5.1, sobre el reforzamiento de la conducta de hablar.

Si existiera alguna duda sobre esto, basta considerar la memoria que tenemos para retener un mensaje verbal en un idioma desconocido. Desde el momento que el mensaje tenga tres o cuatro palabras, tenemos una probabilidad casi nula de retenerlo en la memoria. Y no podemos hacerlo porque nos faltan las estructuras cerebrales necesarias. Ésas sólo se obtienen con cierto entrenamiento llamado aprendizaje.

Pero aún no hemos explicado cómo funciona la escuela. El maestro va diciendo las cosas que se deben hacer, emite comentarios referidos a algún asunto que está en los libros y se supone que los niños ya se han tomado la molestia de leerlo en casa. Y que, además de haberlo leído, se supone que recuerdan algo. Pero la mayoría de los niños omite este trabajo. Y lo omite porque no le refuerzan en casa para que lo haga.

Esta situación presupone que los niños están controlados *desde hace tiempo* por estímulos verbales de información y de petición. Es decir, la escuela asume que los niños *se enteran* de lo que se les dice, que saben algo de lo que se habla y, además, que responden obedeciendo a las peticiones que les hacen. Bueno, todas estas conductas, referidas al niño promedio, se dan en cierta medida. Los niños llamados inteligentes poseen en mayor medida estas conductas y los niños retrasados tienen carencias notables de ellas.

El idioma que vamos a hablar será un reflejo del que hablen nuestros padres reales o adoptivos. Y si éste es malo, se puede mejorar, con el tiempo, reforzando la imitación de los modelos de lenguaje culto.

También está claro que la escuela tiene un programa general para todos. Y que lo aplica sobre un conjunto de alumnos equipados con habilidades diferentes. Debemos admitir que los maestros no tienen ningún programa para remediar las situaciones peores. Y si lo tienen, éste demuestra poca eficacia.

Algunos estudios indican que los maestros dan muy pocos reforzadores verbales a los niños por el trabajo que están haciendo bien. La mayor parte de los intercambios verbales se hacen como respuesta a las conductas indeseables de los niños. O cuando los niños cometen algún error en su trabajo. Ya hemos comentado algo sobre este asunto al hablar de los reforzadores verbales. O sea, que existen *buenos reforzadores* cuando se aplican a las conductas buenas; pero también existen *malos reforzadores* cuando se aplican a reforzar las conductas indeseables.

Si se analiza una clase en detalle, se puede ver que los niños más problemáticos reciben una cantidad desproporcionada de atenciones verbales por causa de su conducta inapropiada.

Esto es lo que puedo decir sobre la escuela sin salirme de los límites de este libro.

6.2.   La fuerza de voluntad

Un tópico muy socorrido en los temas de la educación y el estudio es el de *la fuerza de voluntad*.

¿Qué es la fuerza de voluntad? Si echamos mano del diccionario nos dice que **la voluntad** es *una facultad del alma que nos mueve a hacer alguna cosa o a negarnos*. Así que la fuerza de voluntad sería la fuerza propia de esa facultad. Dicho así no parece aclararnos gran cosa.

Existen muchas cosas que se hacen por puro placer. Parece que eso no implica la necesidad de fuerza alguna. Por ejemplo, tomarse una cerveza con los amigos, comerse un pastellillo, etc. Cualquier actividad que se suponga placentera en sí misma no parece necesitar de voluntad. Incluso para estar todo el día haciendo el vago delante del televisor, tampoco parece que se precise voluntad. Un sujeto se agacha para recoger un billete de 1.000 pesetas. Eso tampoco es voluntad a pesar del leve esfuerzo.

¿Cuándo se tiene voluntad? Cuando se precisa hacer un esfuerzo para ejecutar una conducta cuyos beneficios se van a cosechar en el futuro. Por ejemplo, cuando aborrecemos las matemáticas y debemos estudiar para aprobar un examen. Se trata de un beneficio para el futuro.

Por tanto, el concepto parece subjetivo. Y lo parece en la medida que lo aplicamos para calificar la conducta de otros. Cuando un sujeto está emitiendo una conducta que nos parece penosa o desagradable, decimos que tiene fuerza de voluntad. Pero, tal vez, el protagonista de la conducta no siente que tenga tanta voluntad como creemos. Recuerdo la cara de horror que puso un campesino cuando me vio con un libro grueso en las manos. Pero él ignoraba que la lectura me produjo placer. El campesino puede pensar que yo tengo fuerza de voluntad. Yo le vi una mañana encorvado recogiendo patatas en un huerto. Me pareció que hacía falta mucha voluntad para recoger veinte sacos de patatas en una mañana. Yo hubiera necesitado veinte semanas para hacerlo, o un hambre muy grande.

Estamos ante un asunto de naturaleza subjetiva. Leerse un libro no es muy diferente de correr un maratón. Se precisan ciertas facultades físicas o cierto aprendizaje llamado entrenamiento. Si faltan las cualidades físicas, si falta el aprendizaje, o éste está incompleto, vamos a tener problemas con la tarea. La lectura requiere cierto entrenamiento. Si una lectura es especializada, necesitamos conocer los elementos que se aluden en la lectura. En caso contrario no es posible leerlo. Es penoso por ser incomprensible.

Cuanto más compleja o esforzada sea una conducta, más se precisa de un entrenamiento para ejecutarla. Sirva de referencia la mecanógrafa que escribe a 150 pulsaciones por minuto. Cuando alguien se enfrenta, por vez primera, con un teclado, le cuesta bastante encontrar las letras. Pero luego, con un poco de entrenamiento, escribe con razonable velocidad, aunque sólo use dos dedos. Podemos decir algo parecido del violinista ejecutando una pieza de Tchaikovsky o del traductor simultáneo.

Y esto se termina diciendo que este entrenamiento no se lleva a cabo, de un modo persistente, durante meses o años si no existen unos agentes reforzadores. Estos agentes suelen ser los entrenadores, los padres y, a veces, algunos maestros excepcionales.

Por tanto, hablamos de fuerza de voluntad cuando alguien emite una conducta que precisa de un largo proceso de adquisición, como en el caso de un ingeniero, un violinista, un atleta, un matemático, o un jugador de ajedrez. El sujeto está ejecutando ese programa de aprendizaje durante años y luego le pagarán por hacerlo bien.

Sin embargo, existe una tradición extraña. Cuando un sujeto domina una conducta especializada y la ejecuta muy bien, ya no hablamos de voluntad. Ahora sólo nos impresiona la facilidad que tiene para ejecutar esa conducta. Por eso decimos de un pianista que tiene *una facilidad innata,* o que tiene *un talento,* o que Dios le ha dado *un don* y cosas semejantes. En momentos así *ya no recordamos* el trabajo de entrenamiento que fue necesario para conseguir esa virtud maravillosa. Por eso decimos de Johnson, el jugador de baloncesto, que *es mágico.* El Mágico Johnson.

6.3. Voluntad de hierro

Podemos decir lo mismo respecto a la *voluntad de hierro.* Al usar este término nos estamos refiriendo a alguien que ejecuta una conducta muy difícil o penosa, con pocos alicientes materiales, y que su conducta presenta una gran persistencia en el tiempo.

¿Qué condiciones se precisan para tener fuerza de voluntad? ¿Y para tener voluntad de hierro? Se precisa someterse a un proceso bien planeado de entrenamiento. Sólo tenemos que preguntarnos qué conductas debemos reforzar para que un sujeto se comporte de cierta manera. Cuando un sujeto manifiesta una conducta de entrenarse en algo que parece engorroso, tedioso, esforzado, aburrido, sin interés natural, etc., decimos que *tiene fuerza de voluntad*. Y en casos excepcionales podemos decir que *tiene voluntad de hierro*.

Pero este término se puede usar por exageración para referirse a otras actividades programadas, como el niño que hace sus prácticas de violín cada día, o el niño que juega al ajedrez de tal a tal hora, todos los días.

La carrera para adquirir una inteligencia especial está en este caso. Porque el sujeto se entrena cada día en las actividades precisas para ser considerado un ser inteligente.

Origen de estos conceptos

Esto nos envía directamente a la pregunta ¿cómo se somete uno a un buen entrenamiento? Y la respuesta nos remite al control de la conducta. Aplicando los controles que refuerzan la frecuencia de una conducta, podemos conseguir que un sujeto se entrene de la manera apropiada durante períodos acordados de tiempo.

Estas palabras, fuerza de voluntad y voluntad de hierro, podría decirse que se crearon con la intención de expresar cierta situación. Al ser tan general la resistencia de los seres humanos a la obediencia, no se comprendía muy bien cómo alguien podía entrenarse diariamente en algo que no era agradable por sí mismo. De alguna manera, la persona que se entrena ha tenido la suerte de que no se le ha reforzado la desobediencia. Además, cuando la vemos entrenando puede tener tras sí un historial muy largo de reforzamiento. La conducta se ha vuelto reforzante condicionada, tiene bastante resistencia a la extinción, y actualmente se mantiene con escasos reforzadores.

Recuerde lo que se dijo en el apartado 4.7 referido a la resistencia a la extinción. Para hacer una conducta resistente se requieren numerosos ciclos de aceleración y extinción. Estos detalles raramente se comentan. Por eso, un individuo corriente no soporta una integración tardía en un programa avanzado de entrenamiento.

6.4. El libre albedrío

No podemos dejar estos temas de la voluntad sin tocar el libre albedrío. Se trata de un asunto teórico. Muchas de las conductas que mueven a los hombres pasan por apropiarse de cosas deseables que están bajo el dominio de otros. También se mueven poseídos por un ánimo de realizar actos que desafían a las normas, o de enfrentarse contra la autoridad que exista en ese momento.

Los enfrentamientos bélicos solían tener unas motivaciones muy claras. Pero en otros enfrentamientos con pretextos religiosos, algunos prisioneros argumentaban que *se vieron arrastrados por una fuerza superior*. Para contravenir esas alegaciones se creó la doctrina del libre albedrío. Según esta doctrina, todo ser humano *es capaz de resistirse a cualquier fuerza oculta, o maléfica, que le empuja a rebelarse. Y se resiste en virtud de una fuerza interna llamada* **libre albedrío**. Fin del argumento.

O sea, que este concepto está pensado para justificar filosóficamente el castigo sobre aquellos que se rebelan contra una autoridad cualquiera.

6.5. Hablamos de estimular

En la jerga de la educación se usa mucho la palabra estimular. Así que vamos a comentarla un poco.

La palabra estímulo, viene de *stimulus*, un vocablo latino. Al lector urbano de hoy le puede interesar que se trata de una vara, con punta aguzada, que se usa para pinchar a las bestias por detrás cuando se detienen en su marcha. Cuando el animal sigue la marcha, el conductor deja de pinchar. El control tradicional de la conducta funcionaba sobre esta idea. Para *estimular* se usaban órdenes controladas por amenazas y castigos. La escuela, hasta finales del siglo XIX, debió ser un lugar bastante tétrico. Se castigaba con una vara a los niños que no sabían la lección, o cuando hacían algún borrón al escribir. Esta severidad justificó la idea medieval de que «es una crueldad enviar al niño a la escuela antes de los diez años». A principios del siglo XX, todavía se podían ver en las escuelas rurales las varas de avellano colocadas en la pared. Este método de control hacía que el número de niños capaces de asistir a la escuela quedara muy reducido.

Ya hemos comentado que el control aversivo vuelve a la conducta *aversiva condicionada*. Más tarde, las habilidades adquiridas pueden servir para ganarse la vida. Pero es difícil imaginar que una persona, con esta experiencia escolar, pueda llegar a ser ni la sombra de una persona estudiosa o amante del conocimiento.

En el modelo moderno de educación se sigue usando el término «estimular». Pero como ya desaparecieron las varas de avellano, supongo que al hablar de estimular se refieren a la necesidad de vigilar para que los niños no se detengan en su trabajo. De modo que al ver a un niño en la inopia le decimos: «Niño, no te distraigas. Sigue escribiendo». Al decir esto, estamos aplicando un reforzador verbal a una pausa de distracción. El resultado de esta costumbre es que se refuerza, o se mantiene, la frecuencia de las pausas. Depende de la frecuencia de esos estímulos.

Sin embargo, los estímulos verbales de orden o petición no tienen este problema. Al dar una orden, existe una probabilidad alta de que la mayoría de los niños se pongan a trabajar. Sólo aquellos que están bajo un fuerte control de la desobediencia se van a demorar, esperando quizá una repetición de la orden verbal. Si queremos que los niños se mantengan constantes en su trabajo, debemos reforzar con atenciones verbales aleatorias a los que están trabajando, e ignorar la conducta ociosa con el silencio o desviando la mirada a otra parte.

Si hemos adoptado el reforzamiento como concepto básico de la educación no vamos a tener problemas. Ya sabemos qué conducta debemos reforzar y cuál debemos ignorar.

6.6. Hablamos de motivar

Éste es otro término muy usado en la jerga de los educadores. El término tiene varios significados en el diccionario. Uno de ellos es *presentar la causa o motivo que se ha tenido para hacer una cosa*. En su última acepción dice que es *preparar mentalmente una acción*.

Me inclino a pensar que el sentido de esta palabra en la jerga educativa es el siguiente: *explicar las razones o motivos de un asunto para que el niño haga los ejercicios que se le piden*. O, lo que es lo mismo, motivar es tratar de *persuadir* o *convencer* al niño para que haga un trabajo que se le pide o para que ejecute una orden.

En el contexto escolar, *motivar* significa echar un pequeño discursito sobre los beneficios *para el día de maña-*

na del trabajo que están haciendo en la escuela. Pero cada vez que a un maestro se le ocurra echar ese discurso a quien se distrae en exceso, le está aplicando reforzadores verbales sobre su conducta ociosa.

Los niños que tienen una *obediencia fácil* no deben tener problemas para hacer la tarea que se les pide. Pero a los niños con problemas de obediencia, esos trabajos de persuasión van a servir de poca cosa. Si acaso, pueden tener cierta influencia las promesas de beneficios inmediatos sobre el trabajo realizado. Si a un niño desobediente le avisas de que se le va a entregar cierta cantidad de dinero, o fichas con valor monetario, por el trabajo bien hecho, verás cómo se esmera y se vuelve muy laborioso. Pero éste no es el modo habitual de hacer funcionar una escuela.

Todo este enredo ocurre porque las filosofías educativas ignoran los *principios del reforzamiento*. Los que han leído este libro saben qué son los reforzadores. Saben que unos 30 o 50 minutos de reforzamiento diario en casa pueden hacer milagros. Porque el reforzamiento diario de las conductas estudiosas y laboriosas se generaliza, aunque no con la misma fuerza, a esos otros períodos y lugares donde no hay reforzamiento, como, por ejemplo, las horas de clase en la escuela.

La mención que hice de los reforzadores monetarios le puede parecer ofensiva a algunos padres que piensan que el niño *debe obedecer automáticamente*, sin esperar ninguna recompensa. Y la única obediencia automática que existe es la que ocurre bajo amenaza aversiva. Cuando a uno le atracan o le amenazan seriamente con un arma, se ve obedeciendo automáticamente. En cierto sentido, es bueno saber *cuándo debemos* obedecer automáticamente.

También se pueden ofender los que creen que el niño debe obedecer *cuando le dé la gana*, pues esto define su libre albedrío. No creo justificada esta idea ni la otra. El niño no va a obedecer gran cosa si no existe una relación reforzante con la conducta que se le pide o con el acto mismo de obedecer. Y respecto al libre albedrío, si no reforzamos el entrenamiento de las conductas deseables y laboriosas, el niño no va a tener ningún interés en ejecutarlas, pues éstas *no son reforzantes* por sí mismas. Si renunciamos a reforzar porque queremos un niño con mucho libre albedrío, en poco tiempo nos daremos cuenta que el niño es un holgazán de mucho cuidado, que se pasa todo el día delante del televisor o paseando por la calle. Y esto lo hace porque esas conductas son reforzantes por sí solas. Pero el holgazán se prepara mal para su vida social y futura, pues será incapaz de adquirir ninguna habilidad laboral. Y, si no es capaz de realizar ningún trabajo, nadie le va a pagar un salario a fin de mes.

Resumen

En este capítulo hemos comentado diversos tópicos relativos a la pedagogía. Hemos comentado cómo funciona la escuela y localizado las variables que controlan las diferencias personales de aprovechamiento escolar.

Existen frases muy frecuentes en las discusiones sobre la educación y el entrenamiento, por ejemplo, «fuerza de voluntad», «voluntad de hierro» y «libre albedrío». El sentido de estas palabras alude a la existencia de ciertas conductas laboriosas, pero no sirve para entender cómo se generan.

Más tarde, discutimos un poco el tema de los verbos «estimular» y «motivar». En la jerga de la educación, estos verbos se usan con mucha frecuencia. Y para que el lector no crea que se ha omitido algo interesante, se han comentado estos conceptos.

7
Los enemigos
de la inteligencia

Los enemigos de la inteligencia son las conductas indeseables.

Dijimos más atrás que la inteligencia de una persona es la suma de sus habilidades. Por habilidades nos referimos a un repertorio útil para la supervivencia o el bienestar del individuo y el grupo. Y aquí podemos incluir, sin avergonzarnos, las actividades artísticas y deportivas.

Ya hemos comentado que para tener inteligencia es necesario adquirir ciertos repertorios de conducta, esenciales para cada situación concreta. No es lo mismo ser pastor nómada en el Sahel, cazador del Kalahari, pescador en un atolón del Pacífico, o habitante de alguna ciudad industrializada.

Hemos comentado también cómo se reforzaba la ejecución de las conductas deseables para acelerarlas y mantenerlas. Asimismo, se habló de la necesidad de que esas conductas tuvieran cierta resistencia a la extinción. Pues bien, existen conductas que por su frecuencia pueden impedir la adquisición de las conductas deseables. Se trata de las conductas no deseadas.

Las conductas indeseables se adquieren por un error doméstico de los procesos educativos. Digamos que lo fabricamos en casa. Cuando un niño hace algo indeseable, algunos padres reaccionan con una palabra de advertencia o con algún sermoncito. Cuanto más aguda sea esta sensibilidad nuestra, más automáticamente vamos a saltar con nuestra reacción emocional.

Al tiempo que un niño adquiere ciertas pautas normales de conducta pueden aparecer otras que no son deseables. Si el niño emite una conducta indeseable lo mejor que podemos hacer es *ignorarla*. Esto le resulta chocante a la gente normal. La situación más probable es que el niño ya esté enterado de que eso no se debe hacer. Al responder al niño con alguna amonestación o algún comentario verbal, estamos aplicando un reforzador verbal a su conducta. Por el contrario, si ignoramos esa conducta, no recibe reforzadores. Existe otra posibilidad: además de ignorar su conducta, podemos apartar la vista de su cara mirando a otra parte y guardando medio minuto de silencio. Ambas situaciones son ligeramente aversivas para el niño. Éste desea que le miren y que le digan cosas. Con estos sencillos controles podemos extinguir desde un principio la aparición de las conductas indeseables.

7.1. La desobediencia

Dentro de la familia de las conductas indeseables podemos situar a la desobediencia en lo más alto del podio.

La desobediencia es la negación, o ignorancia intencionada, de una petición que hace alguien con autoridad.

Cuando un niño empieza por adquirir el lenguaje, existe un momento que queda bajo los controles verbales de petición. Con esta frase técnica quiero decir que hay un momento que haces una pregunta o petición al niño y éste obedece. Cada vez que el niño ejecuta una petición, nosotros le damos reforzadores verbales y posiblemente le hacemos también alguna caricia. Existe un momento que el niño es como un pequeño robot al que le dicen: *Llévale esto a mamá*, etc. Y el niño hace lo que le piden. Los padres se sienten maravillados y le dan al niño abundantes reforzadores. Al cabo de una semana es posible que los padres pierdan esta sensación de maravilla y se olviden de reforzar esa conducta obediente. Pero los padres siguen dando órdenes como «tráeme el periódico», etc. Así que, por falta de reforzamiento, el niño está perdiendo el interés por ejecutar este tipo de órdenes. Últimamente, se le refuerza muy poco por obedecer. Cuando el padre o la madre se dan cuenta que el niño no obedece, suelen repetir la orden. Pero esto, técnicamente, es un reforzador verbal, de modo que es posible que el niño siga sin obedecer. Entonces, el padre le dice algo así como *los niños deben ser obedientes*. Esta frase, incomprensible para un niño de tres años, sigue siendo un reforzador verbal.

Aquí se puede presentar una paradoja. Los padres más hipersensibles a la desobediencia de los niños van a ser los más insistentes en reforzar verbalmente a los niños por ese motivo. En consecuencia, los padres que se irritan ante la desobediencia de los hijos pueden tener hijos muy desobedientes o rebeldes. Esto puede degenerar en conductas patológicas o criminales.

Si echamos un vistazo a los historiales de psiquiatría, nos podemos enterar de que existen autenticas transferencias para este tipo de problemas. De modo que se pasan de generación en generación. Y es que la gente suele imitar las pautas de control que usaban sus progenitores con ellos.

Los padres más liberales van a ignorar esa desobediencia porque ésta les resulta más indiferente. En consecuencia, si bien estos niños no siempre hacen lo que se les pide, su desobediencia suele ser escasa. Y no llega a ser nunca patológica.

¿Existe algún remedio para la desobediencia? Cuando el niño se demora en la ejecución de una petición, debemos recordar que estamos reforzando mal. En consecuencia, debemos guardar silencio a propósito de la demora. Puede ocurrir que el niño se decida a ejecutar la petición un minuto más tarde, entonces se reforzará esa conducta de un modo decidido. Si la conducta no se ejecuta, no importa. Los progenitores comentarán este asunto. Así que estarán alerta para reforzar bien cuando el niño ejecute otra petición o mandato.

Por supuesto, cuando un niño ha ignorado una petición, no se le deben hacer más peticiones de inmediato. Se debe guardar silencio, sin poner cara de enfado, durante dos o tres minutos. En este intervalo no se le mira a la cara ni se contestan sus preguntas. Estos actos son aversivos leves que pueden controlar bien la conducta desobediente.

Se deben dejar pasar unos 10 o 15 minutos antes de hacer una nueva petición al niño. Pero debemos tener en cuenta que hace falta reforzar esta obediencia inmadura con decisión. Recuerde que para acelerar una conducta hay que usar los reforzadores generosamente.

Si tuviéramos ya un problema serio de desobediencia, debemos revisar nuestras pautas de conducta. De entrada, si un niño desobedece mucho, es que le hacemos muchas peticiones y reforzamos la desobediencia abundantemente. Con esto quiero decir que repetimos las órdenes de un modo insistente: «Niño, no te digo más que vengas a comer». Para remediar esto se requiere una estrategia conjunta del padre y la madre. Para empezar se debe cambiar sistemáticamente la relación con el niño. De momento, ya no se le van a dar más órdenes. Con esto, el flujo de reforzadores verbales por la desobediencia cae a cero. Pero es posible que se ponga a emitir conductas indeseables para llamar la atención y que le demos una orden: «¡Déjate de hacer ruido! ¡Te he dicho que bajes el volumen de la música!».

Vamos a empezar una terapia de la desobediencia. Y vamos a usar la llamada para comer. Al niño con problemas graves de obediencia hay que llamarle 10 o 20 veces para que venga a comer. Está viendo la tele en el salón y puede llegar con una hora de retraso. Así que ponemos un candado en la nevera y guardamos bajo llave las golosinas y las galletas. Podemos iniciar la terapia a partir de un fin de semana. Ni una orden se va a dar. Llega la hora del desayuno y decimos una sola vez: «¡A comer!». Luego preparamos todo y desayunamos. El niño, siguiendo su costumbre, no viene. Al terminar el desayuno, recogemos todo y ponemos el candado a la nevera y todo bajo llave. Cuando llegue el niño con la pretensión de desayunar, se le informa que ya cerró la cocina. Se pondrá a argumentar para forzar una discusión. Ni caso. Se pondrá a decir que tiene mucha hambre. Ni caso. No se la dará nada de comer hasta la hora del mediodía. A la hora del almuerzo se vuelve a llamar, pero sólo una vez: «¡A comer!». Tiene 30 minutos de plazo. Ni una sola repetición de la orden. Si el problema de desobediencia es leve, el niño vendrá corriendo. Si el problema es grave, tampoco vendrá está vez. Tiene justo el tiempo que tardéis en comer. En ese plazo no va a llegar. Así que se recoge todo y se cierra la cocina del restaurante. Todo bajo llave. Una hora más tarde de la llamada vendrá como un desesperado, protestando y diciendo que tiene mucha hambre. Ni caso. No se le contesta, pero se le señala un cartel que dice: «La cocina está cerrada». Fin del argumento. Se guarda silencio. No se contesta a las alegaciones. Para merendar se le puede poner la comida del mediodía. Si la conducta desobediente es muy grave no la querrá. Querrá dominarnos exigiendo la merienda. Se ignora esa petición. Si de verdad tiene más hambre que conducta desobediente, aceptará comer la comida del mediodía. Se calienta el plato en el microondas y el niño se come la comida del mediodía. Si la conducta desobediente es muy fuerte, aún es posible que aguante la batalla hasta la noche. Y se seguirá el programa hasta el domingo si fuera preciso. Una vez vencida la primera resistencia se debe seguir en guardia. Cada vez que el niño reincida y no llegue a la primera llamada se le retira la comida.

Si le horroriza esta historia, puedo consolarle diciendo que me parece improbable que un lector de este libro puede estar en este caso. La gente con suficiente inteligencia para comprar y leer este libro no debe haber cometido tantos errores, aunque debemos admitir que siempre existe algo de desobediencia en los niños inteligentes.

7.2. La vagancia

Se puede definir la vagancia como una abundancia indeseable de conductas inútiles. La vagancia es malsana cuando ocupa un tiempo que los adultos consideran excesivo respecto a cierto promedio aceptable. Esto es una percepción subjetiva; es decir, depende de quien juzga el asunto y de su entorno.

La vagancia consiste en que el niño está de un lado para otro sin hacer nada útil. También se puede pasar horas delante del televisor cambiando canales o viendo vídeos de un modo interminable.

Se deben distinguir dos categorías de vagancia. La vagancia que está controlada por los comentarios verbales de los padres y que no es reforzante por sí misma. Esa sería la vagancia antigua. La que existía antes de la radio, la televisión y estas cosas modernas. Esta vagancia antigua sería la de estar todo el día tumbado en la cama o de vagabundo por la calle. La vagancia casera está reforzada por los controles verbales de los padres. Ésta se remedia dejando de reforzar verbalmente la vagancia y proponiendo tareas fáciles para tener oportunidad de reforzarlas. Poco a poco, se le van proponiendo al niño tareas más complejas hasta llevarlo a la normalidad. El vagabundeo suele ser reforzado por los amigos y los estímulos cambiantes. Se le puede apartar al niño de ahí promoviendo actividades caseras fáciles y bien reforzadas. Esto significa que los padres, uno al menos, deben ocuparse del niño promoviendo actividades útiles. En una primera fase se aceleran a base de frecuentes reforzamientos. Cuando la conducta esté bien acelerada se atenúa la frecuencia del reforzamiento y se establece un programa de mantenimiento.

La vagancia moderna suele ser la de ver la tele, los vídeos, o jugar con las maquinitas de matar marcianos, etcétera. Esta suele ser reforzante por sí misma. Además del posible efecto adictivo que pueda tener este tipo de vagancia, están los reforzadores verbales que se aplican a quien dedica mucho tiempo a esta conducta. Además, algunos niños tienen libre acceso a las golosinas. Entonces, si tenemos al niño delante de la tele comiendo bollos mantecosos y galletas, esto ya es demasiado. Es la fórmula perfecta para el desastre.

Se puede evitar esta adicción estableciendo un horario estricto y restringido para ver la tele. Fuera de las horas autorizadas no se ve la tele. Podemos añadir la norma que delante de la tele no se pueden comer galletas, ni bollos, ni helados, etc. Esto dificulta que la tele pueda ser aún más reforzante de lo que ya es. Tampoco se debe decir nada al niño cuando ve demasiado la tele. Eso es un reforzador verbal. Si el problema fuera serio, se elimina la tele. Otra opción es poner un mecanismo de relojería que impida ver la tele fuera de las horas establecidas. También es recomendable que queden restringidas las golosinas y las galletas, que en muchas casas son de consumo libre.

Seguramente habrá quien se escandalice por estas afirmaciones. Pero piense que si el niño se atiborra de golosinas por no hacer nada ¿qué le podemos dar para reforzar las conductas deseables? ¿Qué se le puede ofrecer al niño que éste no obtenga ya completamente gratis?

En cualquier caso, es preferible reforzar, de un modo decidido y eficaz, las conductas deseables de trabajo y estudio. Si lo hacemos así, el niño no se verá tan atraído por la tele, los vídeos y los videojuegos.

Si los niños reciben golosinas y atenciones por lo mucho que trabajan se volverán trabajadores. Si las reciben por no hacer nada se harán vagos.

7.3. La distracción frecuente

Se me ocurre que no debemos olvidar que la adquisición de la conducta ideal no sólo está limitada por el tiempo disponible. Existen también otros estímulos que compiten por ocupar un espacio en las conductas de los organismos. A estos estímulos no deseados se les llama distracciones.

Se puede pensar algo halagador sobre las distracciones. Para empezar, pueden significar un alivio o un descanso cuando la ejecución de una conducta ideal es intensiva. Otro punto de vista consiste en afirmar que los organismos deben mantener una conducta frecuente de vigilancia del entorno. Esto les permite cerciorarse de que no existen otros estímulos de mayor interés en el ambiente. Los estímulos que se esperan pueden ser de alarma o, también, de situaciones más interesantes.

En este sentido, *las distracciones fugaces* sobre la conducta dominante tendrían el potencial de mejorar la supervivencia. Desde este punto de vista son aceptables, pero no se debe actuar sobre ellas, pues podrían incrementarse.

Pero, ¿qué ocurre si reforzamos verbalmente las distracciones? Que estas se incrementan. Ahora se podría decir que tienen una frecuencia superior a la que sería recomendable. Existe un modelo teórico de la educación que podría ser responsable de todo esto. Se trata del modelo que usa como referencia operativa el verbo *estimular*. Esto ya lo tratamos en el epígrafe 6.5.

Este modelo tiene por defecto que, al ver al niño disfrutando de una pausa, nos da la tentación de estimularle. En ese caso vamos a decirle al niño: «*Chico, no te distraigas. Sigue con el trabajo*». Y ya sabemos que esto es aplicar un reforzador verbal a la distracción. Por tanto, acelera la falta de atención, es decir, la frecuencia de las pausas.

7.4. Extinción de malas conductas

Algún lector se puede ver en situación de tener un hijo que presenta conductas indeseables. Ya hemos comentado cómo se generan. Pero es muy importante saber cómo se extinguen. Para las extinciones existen unas preguntas cruciales:

¿Qué reforzador mantiene esta conducta?
¿Quién refuerza esta conducta?

Toda conducta, para mantener su frecuencia, debe recibir algún reforzamiento. Cuando nos hacemos adictos a las galletas, éstas son reforzantes por su sabor. Quien está todo el día delante de la tele queda reforzado por las imágenes agradables que ve y por el cambio continuo de los estímulos, etc. Las personas desobedientes reciben reforzadores por negarse a obedecer de inmediato. Los alborotadores por hacer un alboroto. Los niños vagos por causa de la vagancia. Cuando sepamos la respuesta a esas preguntas, estaremos en condiciones de aplicar la terapia apropiada. Se deja de reforzar y la conducta se extingue por sí sola.

En el caso de las cosas reforzantes por sí mismas, como las golosinas, los vídeos, la televisión, etc., la única opción es retirar del entorno el producto reforzante. Simplemente retirarlo. O cortar el cable con unos alicates. Esto puede parecer drástico, pero es una solución que funciona. Durante un tiempo, esos reforzadores deben quedar proscritos. Y lo serán hasta que hayan perdido gran parte del poder que tenían sobre el niño. Al principio, el niño manifiesta unos síntomas de abstinencia, pero en siete o doce días se pasan. Piense que no son alcaloides.

Pasado un tiempo, se pueden recuperar esos reforzadores, televisores, vídeos, etc., y usarlos con moderación y con tiempos bien limitados. Pero siempre se deben consumir después que los niños hayan hecho las tareas programadas.

Respecto a las conductas indeseables reforzadas por las personas del entorno, se debe presionar sobre ellas para que dejen de reforzar. Explicar los conceptos teóricos involucrados ayuda a convencerlos.

Si el niño alborota es porque recibe atenciones verbales de los adultos que se molestan con el ruido. Se debe dejar de reforzar y eliminar del ambiente los elementos que ayuden al ruido. Si la conducta ruidosa fuera muy fuerte se deben comprar en la farmacia unos tapones para los oídos. Al principio, la conducta de alborotar tiende a incrementarse, pues el niño espera recibir un reforzador que no llega y exagera los síntomas. Se pondrá a alborotar delante mismo de los padres, y éstos deben responder volviéndose para mirar a otra parte y guardando silencio. Cuando el niño se haya cansado de hacer ruido, a eso de los 10 segundos de silencio, podemos hacerle algún comentario reforzante.

Es posible que vuelva a alborotar. Nueva fase de silencio de parte de los padres. Se le retira la mirada como si el niño no existiera. Cuando el niño se calla, durante 10 segundos, podemos decir algo reforzante, como «voy a leer un cuento». Si el niño alborota de nuevo, se guarda de nuevo silencio y se cancela el proyecto. Pero si sigue callado, se pueden comer juntos un poco de helado o se le lee un cuento. Si la conducta ruidosa regresa, se sigue con la terapia. Si la conducta de alborotar no se ha extinguido previamente, se puede eliminar totalmente en cosa de una semana.

7.5. Problemas con las visitas

El niño puede morder y dar patadas a las visitas. Aquí no parece recomendable ignorar al niño. Aunque a los padres no les repugne, tiene escaso sentido darle al niño un cachetón. Si el problema llegó tan lejos, no será el primer cachetón que reciba el niño. Así que parece evidente que esa terapia es poco eficaz.

Cuando el niño empieza su conducta agresiva, ésta suele ser muy débil. Así que no deben darse reforzadores verbales sobre las conductas de agresión. Pero si ya tenemos un problema serio de agresión necesitamos ayuda. Si el niño es menor de tres o cuatro años, podemos ensayar una terapia aversiva. Se encarga a un carpintero una caja con fondo, pero sin tapa, de 50 × 50 cm, y 70 u 80 cm de altura. Debe tener más altura que el niño. Cuando éste ejecuta una agresión, en ese mismo instante se le mete en la caja sin comentarios y se le mantiene allí durante uno o dos minutos, según la edad. Se debe poner un reloj de cocina para que avise del tiempo. La conducta agresiva se extingue en pocos días.

Estos dramas domésticos son fáciles de evitar. Cuando llega una visita, se debe llamar al niño y se le presenta al visitante. Se propone al niño que salude a la visita y se fuerza la mano al visitante para que tenga unos intercambios verbales con el niño. Se le pide que le pregunte cosas de la escuela y sobre sus habilidades. Y mientras dure el charloteo con la visita, se debe tener al niño bien sujeto cerca de uno mismo. Al tiempo que hablamos, acariciamos al niño con nuestra mano y nos interrumpimos, de cuando en cuando, para meter al niño en medio del protocolo social.

Esta técnica es muy útil y hace al niño sociable. Además, sirve de terapia preventiva al hacer reforzantes las visitas. Esto evita que el niño pueda emitir agresiones contra el visitante o que intente llamar la atención derramando un litro de leche sobre la alfombra del salón, orinándose sobre el sofá, o tirando las copas de vino. Estas escenas las he presenciado en algunas de mis visitas.

Resumen

Hemos hablado de la desobediencia, su génesis y su terapia. Éste es un tema muy interesante, porque gran parte de los problemas infantiles y juveniles, respecto a las drogas y la conducta delictiva, tienen su origen en la desobediencia. La vagancia es un tema muy importante. Si no se modifica la conducta de vagancia, el niño tendrá problemas de adquisición de la conducta deseable. También se considera el origen de la distracción frecuente y lo que debe hacerse para evitarla o extinguirla. Se hacen comentarios sobre la extinción de las malas conductas y los problemas con las visitas. Se habla sobre la manera de hacer soportables las visitas para los niños pequeños.

8
Asuntos diversos

En este capítulo vamos a tratar diversos asuntos en relación con la inteligencia. Cosas como el origen y la dimensión de la conducta estudiosa, las ventajas de la precocidad, naturaleza de la memoria, el carisma y la felicidad del niño genial, etc. Algunos de estos temas se han tratado en la literatura, pero no desde el punto de vista de este libro.

8.1. La conducta estudiosa

En el progreso natural para adquirir inteligencia, empezamos por el lenguaje y adquirimos algunas pautas sociales de conducta. Luego aprendemos los números, las formas de contar, la lectura y la escritura. Entre las pautas sociales existe cierta disciplina. Esta palabra suena mal a algunos. Pero sólo significa que el niño acepta las órdenes y peticiones. Obedecer también implica perseverar en tareas que se pueden hacer tediosas o cansadas. Desde los tres a los seis años, el niño debe ser reforzado a diario en casa por perseverar en el trabajo. Y luego, durante los años escolares, debe seguir recibiendo reforzadores por el trabajo que hace. Pero si confiamos en la escuela para esto ya hemos fracasado. La escuela sólo da reforzadores verbales a los chicos que se distraen y, ocasionalmente, a los niños geniales.

Es necesario que hagamos este reforzamiento, porque

a medida que los empujan a estudiar y saber más y más cada día, se va generando en los niños una aversión creciente por el trabajo, pues las tareas de estudiar están muy mal reforzadas. Y sin embargo, en las horas del recreo charlan con los amigos sobre asuntos ajenos al estudio mientras comen alguna golosina para matar el hambre. En casa se pueden dar un hartazgo de ver la tele o vídeos mientras comen golosinas. Los videojuegos, con sus innumerables vidas, les hacen sentirse unos superhéroes con muy poco esfuerzo. Cualquier cosa parece más reforzante que el estudio. Así que, si no reforzamos el estudio, en el mejor de los casos obtendremos una mediocridad de estudiante. Pero la sociedad no se alarma ante este panorama porque en verdad necesita una legión inmensa de mediocres. Y aquí estamos con este libro los que queremos hacer un niño muy inteligente, aunque la sociedad no tenga el menor interés en ello.

La conducta débil

La forma tradicional de enfrentarse con la conducta débil de los niños suele ser una mezcla de resignación y de recordatorio insistente: *Niño, estudia. Vas a volver a suspender el curso.* Y este sistema tiene escasa eficacia.

La conducta débil se provoca por el escaso reforzamiento de las conductas deseables. De modo que sólo quedan las conductas que se mantienen por sí mismas: comer, ver la tele, jugar a videojuegos, etc.

Una conducta es fuerte sólo cuando ha sido bien reforzada y se ha hecho resistente a la extinción.

Comprender lo que se estudia

La conducta estudiosa, por sí misma, vale poco si el niño no sabe lo que se dice. Si el niño emite las palabras en correcta secuencia y no sabe, o casi no sabe, lo que dice, será una lamentable perdida de tiempo y de esfuerzo. Un físico americano, el premio Nobel Richard Feynman, fue profesor de una universidad brasileña y nos cuenta lo siguiente sobre su experiencia. Era profesor de física en una escuela de ingeniería. Los alumnos estudiaban sus lecciones y llegaban preparados a clase. En algún momento, Feynman le pregunta a un alumno por el significado de alguna palabra contenida en su respuesta. Y se queda sorprendido porque el alumno no sabe lo que significa. Tampoco es capaz de poner un ejemplo del mundo real relacionado con la respuesta. Prueba con otras preguntas y con otros alumnos y se da cuenta que esta situación es general. Que afecta a casi todos los estudiantes. Los alumnos *saben las palabras correctas* de cada respuesta pero no entienden su significado; o tienen una idea muy vaga del asunto.

Debido a su vocación científica, era muy natural que el profesor Feynman se extrañara. Para él era muy importante saber el significado de lo que se aprende y su conexión con el mundo real. Pero la mayoría de los estudiantes y los profesores están carentes de esta vocación. Para ellos, estudiar es sólo memorizar interminables cadenas de palabras o de signos. Saben que para cada pregunta existe una respuesta apropiada. Todo lo demás les trae sin cuidado.

Al estudiar, es recomendable saber qué significa lo que memorizamos. O sea, hay que saber qué significan las palabras, de dónde extraen ese conocimiento, cómo lo deducen, etc. Raramente se aclaran estos detalles en los libros. De modo que queda a la iniciativa del niño inteligente averiguarlos. Así que debe buscar el Santo Grial por este libro y por el otro, persiguiendo el concepto, o la palabra abstracta, que se niega a rendir su significado. Ayuda mucho para esto una enciclopedia de prestigio. Tal podría ser la Enciclopedia Británica, la Larousse, u otra equivalente. Esta búsqueda febril raramente la hace el niño por su propio impulso. Para conseguir que así sea, debemos reforzar en el niño la búsqueda de respuestas para la pregunta: *¿y esto qué diablos significa?* Esperar a ver si el niño tiene una respuesta. Si la tiene se le da un reforzamiento. En caso contrario, confesarle que nosotros tampoco lo sabemos y que habrá que buscarla en alguna parte. Se le pide que la busque y que la escriba, y que la exprese verbalmente. Si hubiera en ella elementos incomprensibles se sigue buscando y se hacen más notas. Se va reforzando este trabajo y al final, después de presentar el resumen, se refuerza con generosidad. *¿Serás capaz de repetirme esa explicación?* Ponemos cara de esperar con ansia una respuesta. Si vuelve a darla, le reforzamos de nuevo. Si el concepto fuera complejo, le decimos: *No lo entiendo. ¿Quieres explicarlo otra vez?* Esto facilita que el niño mismo llegue a entenderlo.

Con esta historia quiero decir que hay que romper la pereza que significa levantarse para mirar el diccionario o la enciclopedia. Y lo hacemos reforzando la búsqueda.

Es recomendable, respecto a las palabras de origen griego o latino, que se busque su significado etimológico. Esto ayuda mucho a recordar su significado. Al entender su significado original, dejan de ser abstractas y se asocian con las palabras de la lengua madre de cada uno.

Todo esto, nos remite a mis comentarios sobre la *inteligencia real y virtual* (epígrafe 1.2).

8.2. Precocidad

Existen numerosas escuelas especiales para crear niños extraordinarios. No voy a entrar en el detalle crucial de si cumplen sus promesas o no. De hecho, casi todos los colegios privados pretenden vender alguna maravilla.

Entre las escuelas privadas, las más raras venden la virtud de la precocidad en el estudio. Existen numerosos autores que venden esta idea asociada a sus escuelas. Pero no explican si existen otras variables relevantes al procedimiento de enseñar.

Me pasé un tiempo pensando en esto y vine a dar con la idea de que las biografías de los grandes genios suelen estar llenas de precocidad. Debemos razonar que no existe algo llamado *precocidad espontánea.* Un niño desarrolla su lenguaje porque hablan mucho con él. Si no fuera así sería un niño de pocas palabras. Por la misma razón, aprende lo que sea, precozmente, porque está en un programa para eso. Todos los niños geniales han tenido un aprendizaje precoz en casa.

En la Edad Media, se creía una crueldad enviar al niño a la escuela antes de los diez años. El control era la vara de avellano. Mil años después, la gente sigue teniendo una experiencia escolar deplorable y esto les hace sentir aversión por la ciencia y por la lectura. Como resultado, abrazan las supersticiones y las doctrinas más extrañas. Mucha gente que termina una carrera superior jura que no volverá a leer un libro más en su vida. Conozco algunos.

El niño que aprende a leer precozmente y adquiere otras habilidades del conocimiento, consigue un entrenamiento que refuerza mucho su seguridad psicológica.

Hay unos estudios, de Pfieffer, Shea y Hamblin (1969), que nos informan sobre la enseñanza precoz de la lectura. Querían averiguar si existían razones para creer en un viejo dogma sobre *la madurez fisiológica* necesaria para aprender a leer. No encontraron pruebas claras de esta necesidad. Al menos desde el punto de vista clásico que preconiza una edad de seis o siete años para aprender a leer. El estudio empezó en enero y terminó en octubre, haciéndose diversas investigaciones.

Una parte del estudio fue de 31 días y enseñaban a leer con ayuda de una máquina que leía tarjetas con una cinta magnética. Así que se enseñaba a los niños a leer palabras sueltas, de una en una. Al niño le presentaban la palabra, la leían y luego se pasaba la tarjeta por la maquina que emitía una lectura. Si el niño se equivocaba al leer, lo sabía de inmediato al pasar la tarjeta por la máquina.

En la tabla 8.1 se muestran algunos resultados. Se observan algunos valores bajos en la quinta columna de números. Se trata de una niña que se puso enferma en mitad del curso; sólo participó 20 días. Esta niña aprendió menos palabras por día a causa de esa interrupción, pues los valores del aprendizaje se van acelerando según avanza el número de sesiones. La media observada es de 6,67 palabras aprendidas por sesión, lo cual indica que no se observan efectos relativos a la madurez fisiológica que se proponía en un estudio de Morphet y Washburne (1930). Éstos presentaron la tesis de que era necesaria una edad mental de 6,5 años para aprender a leer con éxito. Esa idea se convirtió en un dogma educativo. Poco después, Gates y Bond (1936), que no se lo creían, establecieron que la predicción sobre el éxito en la lectura, respecto de la edad mental, sólo era del 5 por 100. Muy poca cosa para fabricar un dogma.

Tabla 8.1

Rendimiento de lectura

Total palabras	140	197	180	220	70	191	223	230	217	197	247
Días de curso	26	28	30	29	20	30	31	31	31	29	27
Palabras por día	5,4	7	6	7,6	3,5	6,4	7,2	7,4	7	6,8	9,1
Edad (años/meses)	2/11	2/11	3/1	3/3	4/0	4/7	5/1	5/1	5/4	5/4	5/9

Una de las cosas más interesantes del estudio de Pfieffer y otros (1969) tiene relación con la tabla 8.2 En ella se observan los valores de CI medidos en mayo y en octubre de los niños que participaron en él. Es decir, al principio y al final del estudio de lectura con ayuda de la máquina. En algunas casillas no figuran los valores de CI porque algunos niños se incorporaron a la experiencia después de haberse medido el CI. Se sabe que los valores altos de CI, por encima de 130 puntos, son difíciles de superar. A pesar de esto, algunos niños consiguieron mejorar esa puntuación en sólo seis meses.

Tabla 8.2

Cambios de CI

Edad (años/meses)	2/11	2/11	3/1	3/3	4/0	4/7	5/1	5/1	5/4	5/4	5/9
CI mayo CI octubre	— 123	116 149	141 143	111 138	128 136	133 135	133 138	149 149	142 149	— 149	— 149
Difer. CI	—	33	2	27	8	2	3	0	7	—	—

El simple aprendizaje de la lectura, por sí solo, no puede explicar estos incrementos en tan corto plazo. Yo lo interpreto en el sentido de que al verse aprendiendo con un reforzamiento positivo de los aciertos, los niños se sentían muy seguros de sí mismos. Esto les dio fuerzas para contestar sin miedo a las preguntas del test e hizo que se dispararan los CI de los niños que lo tenían normal o ligeramente superior. A los que lo tenían muy alto les era muy difícil obtener un incremento.

Esto nos sirve para recordar que los tests de inteligencia no sólo miden algunas habilidades del niño. También pueden reflejar la calidad de la enseñanza. Cierto modo de enseñar provoca inseguridad cognoscitiva por causa del reforzamiento verbal de las respuestas erróneas. El *reforzamiento verbal de los errores* genera un atolondramiento crónico en el niño. Esto le hace dar respuestas erráticas, unas veces bien, otras mal, para una misma pregunta.

Las ventajas de la educación precoz se pueden interpretar sobre dos teorías. Una sería fisiológica: por ella se interpreta que el niño tiene su mayor capacidad de aprender en sus primeros años de vida. Otra explicación es conductual, en el sentido de que el niño aprende cuando es más sensible a los reforzadores del ambiente familiar. Y esto ocurre también cuando la conducta desobediente está todavía poco desarrollada. Si el niño no se está entrenando en un aprendizaje de la conducta deseable, puede estar aprendiendo las indeseables que son antagónicas de la inteligencia.

8.3.   Comentarios sobre la memoria

Sobre la memoria se han escrito muchas cosas inútiles. Pero yo voy a referirme especialmente al reforzamiento de la memorización estudiosa. Al fin y al cabo, una memoria de cierta consideración no puede existir sin cierto lote de trabajo previo.

Las conductas primarias se supone que no requieren un gran esfuerzo de adquisición. Pero si nos piden hacer algo *que no nos interesa,* no manifestamos una gran inteligencia ni una gran habilidad para llevarlo a cabo. De hecho, cuando ordenamos o pedimos una conducta a otra persona, nos sorprende la facilidad con que se suele ejecutar mal esa petición. Nos parece que el sujeto no pone interés suficiente. Cuando le recriminamos por los errores o las omisiones, éste alega que *no se dio cuenta*. O bien dice que *se le olvidó* ese punto concreto de las instrucciones. Los individuos que han sido reforzados en la conducta desobediente, están en una difícil situación cuando deben ejecutar algo que no les interesa. En estas circunstancias, la *obligación de obedecer*, que es débil, colisiona con el placer *de no hacer caso* a una orden. De ahí resulta una acción ejecutada con defectos u omisiones.

La memoria es muy difícil de entender desde la perspectiva de la fisiología cerebral, pero los fisiólogos no pierden la esperanza. Hoy día, hasta los fisiólogos invocan el *reforzamiento* como instrumento decisivo en el aprendizaje. Y en la memoria está la raíz de todo aprendizaje. Pero al reforzar la memoria, estamos reforzando la extracción de una secuencia de palabras u operaciones del cerebro. Si se ejercita bastante esta facultad, al sujeto le resulta fácil memorizar. Como en el caso de la conducta, es válido hablar de extinción y de resistencia a la extinción. Cuando una serie de datos, almacenados en nuestro cerebro, dejan de extraerse al exterior, empiezan a extinguirse. Piensen en el teléfono de esa amiga que ya no visitamos. ¿Lo recuerda?

Pero, en general, memorizar no consiste sólo en leer, como creen los malos estudiantes. Memorizar consiste en tratar de recordar lo que se ha leído. Al estudiar un asunto, tratamos de recordar los puntos esenciales. Mejor si lo ponemos por escrito. Luego lo comparamos con los datos que sirven de modelo. ¿Nos falta algo? Si nos han reforzado eficazmente por recordar tendremos buena memoria y seremos buenos estudiantes. No se olvide la salvedad de que los conocimientos deben ser *reales* con preferencia a los *virtuales*. Quien memorice sólo conocimientos virtuales termina hecho una mediocridad.

Si estudiamos las biografías de los genios de la ciencia, podemos constatar que tuvieron una inmersión precoz en el estudio o en la conversación inteligente. Esto implica un reforzamiento temprano de las memorizaciones.

Tener una buena memoria es algo esencial para hacer una carrera con éxito. Pero esta buena memoria no se consigue si no establecemos un programa temprano de reforzamiento de las memorizaciones; y si es muy intenso y constante tendrá más eficacia. Éste programa se aplicaría sobre las memorizaciones verbales y sobre las operaciones de lógica con palabras, con magnitudes y con algoritmos.

Que se trata de un asunto que requiere cierto entrenamiento, lo podemos ver enseguida. Si nos dicen una frase ordinaria de nueve o diez palabras podemos memorizarla fácilmente. Pero si la dicen en un idioma extraño, como el chino cantonés o el tibetano, no retenemos ni el 5 por 100 de los fonemas emitidos. Eso lo interpreto en el sentido de que las personas con escaso entrenamiento lingüístico tienen menos memoria verbal. Si nos entrenamos estudiando tibetano, vemos cómo se incrementa nuestra memoria en este idioma.

Otra cosa a tener en cuenta es que no se pueden memorizar grandes bloques de datos. Imaginemos algo sencillo: la guía de teléfonos. Si tomamos el nombre completo, la dirección y el teléfono de un cliente, lo podemos memorizar todo fielmente en cosa de 10 minutos. Pero si tenemos que memorizar dos clientes, la cosa se pone más pesada. No será suficiente con 20 minutos. Y así sucesivamente. El esfuerzo crece de modo exponencial. La fiabilidad crece a medida que ejecutamos, una y otra vez, la extracción de esos datos. Y cuando los extraemos varias veces hoy, mañana y en días sucesivos. Pero está fiabilidad también decrece a medida que los bloques de datos a memorizar se hacen más voluminosos. El sistema escolar no presenta exigencias excesivas a la memoria. Cada curso se estudia lo mismo del año anterior con un discreto incremento añadido. Pero los estudiantes excelentes deben ir más rápido que el programa oficial, hasta conseguir un adelanto sobre el estudiante medio de tres o cuatro cursos en el octavo grado. Eso implica la necesidad de emplear mucho más tiempo en el estudio que el estudiante promedio.

Todo esto no son más que lugares comunes. Pero, al tenerlos en cuenta, nos damos cuenta que para poder memorizar un temario escolar debemos establecer varias situaciones. Hacer el temario familiar, hacerlo inteligible, escucharlo o leerlo una y otra vez. Tratar de inmediato de recordarlo, verificar que el recuerdo se ajusta al modelo y repetir la operación de nuevo. Pero para poder hacer todo esto, debemos tener en cuenta que la facultad de recordar es inversamente proporcional al volumen del tema. Por tanto, éste debemos dividirlo en fragmentos que sean manejables.

La extinción de la memoria

Ocurre que algunas personas memorizan de un modo razonable a corto plazo. Pero en cosa de unos días ya no tienen idea de lo que estudiaron. Esto es debido a la extinción de la memoria. Las cosas que penetran en el cerebro se deben extraer con cierta frecuencia al exterior para evitar que se extinga su recuerdo. Eso significa que se necesita tiempo no sólo para introducir en el cerebro los materiales simbólicos (palabras, signos, números, operaciones, etc.), sino que se necesita más tiempo aún para ir extrayéndolos, con frecuencia, una y otra vez. Pregúntese qué teléfono tenía cuando vivía en otra ciudad hace unos años. ¿Puede recordarlo? Desde que se fue de allí ha dejado de usarlo. Y si deja de usarlo, desaparece de su cerebro. El estudio, tal como está programado, podemos decir que es una profesión. No podemos pretender que ese cerebro, ocioso durante meses, sea capaz de memorizar en una semana todo el caudal de conocimientos que se precisa para un examen.

Y esto nos envía de nuevo al trabajo. ¿Cómo podemos estudiar tanto? No se puede olvidar el reforzamiento.

8.4. Carisma del niño inteligente

La gente normal está dispuesta a escuchar cómo se lamenta de los problemas que tiene con su niño. Le mirarán con simpatía y compasión si tiene problemas, pero no se le ocurra jamás hacer alardes sobre la inteligencia de su hijo. La gente encuentra muy desagradable está actitud. Y se asquea de los niños inteligentes o geniales. En una visita están preparadas para soportar el niño promedio. Y aguantarán estoicamente si el niño les muerde o si les da patadas. Si eso ocurre, se sentirán aliviadas al hacer comparaciones. Y podrán decirse dichosos: «Mi niño no muerde a nadie».

Debido a la ignorancia que existe sobre el reforzamiento sólo podrá contar con sus propios medios, y si acaso con la ayuda de su cónyuge, para reforzar la conducta deseable de su hijo. Tal vez algún amigo íntimo de la familia, o algún pariente, podrá ayudarle en esta tarea. Pero no trate de hacer propaganda sobre los principios del reforzamiento. La mayoría de la gente acepta gustosa que les hablen de parapsicología, de ovnis o de magia. Pero aborrecen que se les hable de cosas que no se entienden. Las cosas científicas tienen ese defecto: no se entienden. Sin embargo, las cosas del chismorreo, la magia, el horóscopo, etc., no es necesario entenderlas. Sólo hay que creer en ellas; y eso es más fácil.

Quiero presentar mi idea sobre el carisma del niño

inteligente. Algún lector puede encontrar poco familiar el término *carisma*. Dejo de lado el concepto teológico y queda: *Don que tienen algunas personas para atraer o seducir a las gentes con su presencia o su palabra.*

Es decir, es una persona *reforzante*. ¿Cómo podemos hacer que un niño sea reforzante para los maestros, los compañeros de clase, los amigos de la familia y los parientes? Para empezar, aparte de no morder, debe ser cortés y amable. Cuando viene una visita, si el niño es algo mayor, y después de los saludos de rigor, debe eclipsarse discretamente y sumergirse en alguna actividad. Un niño poco visible es mucho más agradable que si está cerca, pues el visitante siempre teme sus agresiones potenciales. Además, las visitas suelen venir a hablar con los padres.

Como dije, los padres no deben alardear sobre el talento del niño, y el niño no debe hacer exhibiciones de inteligencia. Para que esto quede claro, el niño debe entrenarse en los rigores del protocolo social. Esto se consigue transmitir al niño pequeño con un juego de muñecos o marionetas. Se van describiendo escenas de visiteo para que el niño vea los diferentes efectos. Se presenta, sucesivamente, el caso del niño que muerde o da patadas, el que hace alardes científicos, el que merodea alrededor de la visita, el caso del niño que se eclipsa, etc. Al final de cada historia se escuchan los comentarios sobre el niño que hace la visita al marcharse.

Cuando el niño se eclipsa, según los protocolos más refinados, debemos ir a ver lo que hace y darle reforzadores por estar ausente. Esto podemos hacerlo cada 20 o 30 minutos.

En clase, el niño inteligente debe adquirir el buen sentido de *no levantar siempre la mano* cuando el maestro pregunta algo. Pero, si el maestro se dirige a él, le da la respuesta. Si le preguntan por que no levantó la mano antes, le puede contestar algo así como «para que puedan contestar los demás».

Con los amigos y compañeros de clase debe ser modesto. Si le preguntan cómo es que sabía tal o cual cosa rara, le puede dar por respuesta: «Es que lo habré leído en alguna parte». En clase, cuando hay una hora de problemas, puede dejar copiar a quien esté al lado o dejar que lo copien los demás. Esto le permite ser popular con poco esfuerzo. Los alumnos que copian tienen escaso interés en aprender y los que sepan más, no se molestan en copiar. Lo hacen por sí mismos. Si se extrañan de que lee mucho, les puede decir que disfruta leyendo, que se trata de un vicio genético.

En alguna ocasión puede ayudar al maestro con los niños que se atrasan en algún asunto. Puede ofrecerse para ayudar. Esto no perjudica al niño inteligente, pues su ventaja estriba en su precocidad y en lo mucho que estudia en casa. Los niños aprenden mejor de otros niños y quedarán muy contentos con la novedad.

Gran parte del encanto de un niño inteligente se fundamenta en su modestia y sólo una pequeña parte en sus conocimientos. Pero hay madres o padres que se obsesionan pidiendo clases especiales para su hijo «superdotado». Esto es un incordio para los profesores y para los directores de las escuelas. La solución más corriente a estas demandas es proponer un salto de clase. Y si los padres incordian en exceso le proponen un salto de dos cursos.

Los padres que molestan con estas cosas, no entienden la naturaleza de la inteligencia. Si un niño es muy inteligente es porque tiene la inteligencia media de los niños que están dos o tres cursos más arriba. De modo que si aceptan que el niño se salte un par de cursos, la primera semana puede parecer una *vedette*. Pero este efecto pronto se pasa y, al cabo de unos meses, el niño parece tener una inteligencia normal. Nadie se acuerda que se ha saltado dos o tres cursos. Nadie tiene ya razones para admirarse de su inteligencia: ni los profesores ni los compañeros de clase. Lo que más se nota ahora es que el niño parece un poco canijo. En consecuencia, tendrá menos amigos y se volverá bastante tímido.

La escuela es posible que dé pocos reforzadores, pero el niño que destaca mucho *puede deslumbrar* a los maestros y compañeros. Y esto es *reforzante*. No cambie de curso a su niño adelantado. No tiene nada que ganar. Si algún maestro bien intencionado le propone un cambio de curso no lo acepte y dígale: «*¡Bah! No exagere. Lo que le pasa al niño es que siempre está leyendo. Es igual que su abuelo. Siempre anda con libros*».

8.5. Podemos hacer un niño feliz

Lo mismo que en el caso de la inteligencia, el ser feliz es una cuestión de tener costumbres sanas. Si un niño está bien equipado de conductas útiles va por buen camino para ganarse la vida. Si su conducta desobediente sólo presenta indicios débiles, no se barruntan problemas.

Mi afirmación de que un niño puede ser feliz, no es ninguna exageración literaria. Así que voy a definir la felicidad. La felicidad es el hábito de anticipar el disfrute de las cosas agradables que pueden ocurrir. Dicho en la jerga propia de la modificación de la conducta, *la felicidad es el hábito condicionado de anticipar las contingencias reforzantes*.

Para crear este hábito saludable sólo se precisa reforzar con frecuencia *el acto de pensar en algo agradable* que sea posible en las próximas horas o días. También podemos anticipar cosas más remotas. Pero esto sólo es muy necesario para el reforzamiento de una vocación profesional.

Así que provocamos al niño con una petición para que se recree en imaginar las sensaciones de algún asunto agradable. El niño se queda pensando en eso con una ligera sonrisa. Luego le pedimos que nos explique lo que ha pensado y le reforzamos con unas palabras de alabanza, alguna caricia, o tal vez un pequeño caramelo. Pero esto debe hacerse con la frecuencia suficiente como para crear un hábito. Cinco o seis veces diarias con períodos de extinción en los cuales no se refuerza.

Como esta contingencia reforzadora es muy rara en nuestra cultura, es recomendable crear una rutina de actuación e insertarlo, por aquí y por allá, junto con los otros programas de reforzamiento de la educación escolar. De modo que situamos una indicación claramente inteligible en el cuaderno donde tenemos otros programas. Así que utilizamos este tipo de reforzamientos como una pausa entre los trabajos de cada día.

De hecho, los procesos de aprendizaje son complejos porque se deben atender a diversos programas que funcionan entremezclados. Leer, memorizar, razonar, escribir, hacer operaciones con magnitudes, todas estas actividades están imbricadas con el ejercicio del lenguaje, y es que se está creando un conjunto armonioso de conductas diferentes. Y entre todas ellas situamos el reforzamiento de las ideas felices.

Esta *programación de la felicidad* no es muy frecuente entre la gente de clase media de los países occidentales. Por el contrario, una parte desproporcionada entre la gente de clase media padece depresiones. Y entre esta gente depresiva no son raros los suicidios.

Pero entre la gente miserable de los países del tercer mundo casi no existe el suicidio. Existen cosas mucho más importantes que suicidarse. Por ejemplo, buscar cada día algo de comer.

8.6. Inmunizar contra los aversivos

Aunque consigamos crear un buen *hábito de ser feliz* debemos pensar que existen suficientes agentes aversivos revoloteando por el entorno. Contra las situaciones más improbables y peligrosas poco podemos hacer. Pero debemos inmunizar al niño contra las situaciones aversivas más comunes. Hay dos clases de situaciones aversivas. Unas son sociales y otras físicas. Con mucha diferencia, las mayores chinches que uno padece en el mundo civilizado son los actos de otros seres humanos.

Aversivos sociales

Existe un bello deporte de la sociedad civilizada que consiste en tratar de molestar a los seres hipersensibles del entorno. Aunque es muy sencillo no voy a especular sobre el origen de esta costumbre. Existe un placer maligno en enojar y molestar a seres inofensivos que reaccionan ante el menor estímulo irritante. Si tuviéramos un hijo en este caso, todo lo que dije sobre el condicionamiento de la felicidad se iría por el desagüe del fregadero. Esa hipersensibilidad lo haría vulnerable, impidiéndole ser feliz.

Es por eso que debemos inmunizar al niño contra los aversivos sociales. Si se pueden reforzar otras conductas, no veo ninguna dificultad para inmunizar al niño contra los aversivos sociales. Debemos tratar de imaginar los distintos tipos de aversivos: unos están hechos de palabras y otros de agresiones físicas.

Podemos empezar contra los aversivos verbales que son los más frecuentes. Se le explica al niño los elementos del juego. Éste consiste en resistir los insultos sin inmutarse. Se escribe en una hoja de papel toda una jerarquía de palabras insultantes, empezando por las más leves y acabando por las más groseras. Se deben crear, al menos, cinco grupos con grados crecientes de agresividad. Dentro de cada grupo se sitúan los distintos insultos según una jerarquía subjetiva. Y en cada grupo puede haber como una docena de insultos.

Obviamente, se empieza el entrenamiento con los insultos más débiles. El niño debe en principio aparentar ignorancia de las palabras, y nosotros le reforzamos por llevar bien el ejercicio de esa ignorancia. Debemos ensayar con insultos de grado más leve. En la etapa siguiente, el agente provocador le hace ver que los insultos van dirigidos a él personalmente. En esta fase el niño debe sonreír como un beato. Imaginemos un extraterrestre que ignora la existencia o el significado del insulto. También debemos reforzar por esto. Debemos ensayar un poco cada día. Cosa de dos o tres minutos. Lentamente, vamos ascendiendo por la jerarquía del insulto en el entrenamiento.

Una segunda parte del programa consiste en resistir sin inmutarse los empujones, más o menos maliciosos, y las agresiones, que en principio suelen ser leves. En una tercera parte el niño debe aprender a resistir agresiones más fuertes. Se utiliza el reforzamiento para conseguirlo.

En general, se recomienda evitar las peleas. Pero si se trata de una pelea entre amigos de confianza o gente civilizada se pueden intercambiar unos puñetazos sin problemas.

Hay padres que consideran inadmisible mi afirmación sobre evitar las peleas y creen que el niño debe repeler siempre un ataque. En un mundo de guerreros esto es cierto. Pero no voy a entablar una polémica sobre este asunto. Se está agotando el espacio de este libro.

Mi opinión es que con todo el *lumpen* que te puedes encontrar por la calle y en los patios de una escuela, parece más seguro tratar de evitar las peleas. No seré yo

quien anime a un niño a enfrentarse en una pelea calleje-
ra o en el patio de un instituto. Puede acabar apuñalado
o muerto de un tiro. Los padres que gozan con la idea de
tener un hijo guerrero pueden ponerlo en un gimnasio
para que aprenda karate, disparo con rifle u otras artes
marciales. El gimnasio también desaconseja las peleas
con desconocidos en la calle.

La misma filosofía se aplica para inmunizar al niño
contra los aversivos físicos: el frío, el calor y el cansancio.

La depresión

El origen de la depresión es muy discutible. Así que
voy a considerar dos supuestos. Si el origen es un simple
condicionamiento, tenemos el caso inverso de lo que dijimos sobre la felicidad. Se trataría del reforzamiento de
las ideas tristes o depresivas. En la subcultura de una
familia se pueden dar ambos casos: reforzamiento de la
alegría y de la tristeza. De modo que es poco lo que puedo añadir sobre este tema. Debemos *ignorar* la emisión
de ideas depresivas a fin de extinguirlas. Y debemos *reforzar* los pensamientos agradables y placenteros. Es muy
simple, cuando alguien de la familia dice algo triste, no
contestamos y miramos a otra parte. Si dice algo agradable, respondemos con entusiasmo.

Ejercicio físico

Otro posible origen de la depresión puede venir por
una insuficiencia del ejercicio físico. Si se efectúa un estudio epidemiológico, estoy seguro que se puede encontrar una fuerte correlación entre las personas depresivas
y una historia previa de ejercicio físico insuficiente. Esto

provocaría una sedentarización cardíaca. El corazón se habitúa a funcionar a ralentí. El resultado es una persona con presión arterial algo baja como algo habitual. Esta baja presión arterial pueda dar lugar a pereza y fantasías depresivas. Una vez que éstas se presentan, el entorno protector de la familia las refuerza. Entonces, las fantasías depresivas crecen en frecuencia e intensidad y ya tenemos un problema. Por eso, es recomendable que el niño tenga un hábito sano de hacer ejercicios físicos diarios. La vagancia física puede traer problemas serios en el futuro.

Resumen

En este capítulo hemos hablado de la conducta estudiosa. Y hemos hecho unos comentarios resumiendo los distintos aspectos que intervienen en la vida del estudiante, tanto en casa como en la escuela. También hemos hablado sobre las virtudes de la precocidad en el estudio. Se comentó algo respecto a la calidad del control educativo y su efecto sobre el CI. En sólo unos meses se podía incrementar o deprimir el CI, según fuera la calidad del reforzamiento de la conducta estudiosa. Asimismo, se habla de la naturaleza de la memoria desde el punto de vista operativo: cómo se crean las memorizaciones y cómo se extinguen. No hemos olvidado hacer unos comentarios sobre el carisma del niño, pues el niño inteligente no tiene por qué ser un adoquín en el entorno social. Debe saber cómo hacerse querer. Una parte muy interesante es cuando hablamos de la programación necesaria para hacer que el niño sea feliz. Se completa esto con el tema de la inmunización a los aversivos sociales.

GLOSARIO

Algunos términos usados en este libro tienen un significado conductual que les aparta del lenguaje común. Otros términos son comunes y están definidos según el punto de vista conductual.

ACELERACIÓN. Es la aplicación intensiva de reforzadores sobre una conducta para incrementar su frecuencia rápidamente.

ALBEDRÍO (LIBRE ALBEDRÍO). Facultad que se supone poseen los seres humanos de resistirse a ejecutar ciertos actos prohibidos. Acción deliberada de ejecutar esos actos.

AVERSIVO (CONTROL). Contingencia desagradable que controla la emisión de una conducta.

CONDICIONAMIENTO. Proceso que establece en los organismos un repertorio de conducta que no existe previamente.

CONDUCTA. Acción concreta de un organismo. Generalizando, el conjunto de sus actos.

CONDUCTAS ANTAGÓNICAS. Conductas que se oponen a otras más deseables y ocupan su lugar.

CONTINGENCIA. Algo que ocurre coincidiendo con una conducta emitida.

EMISIÓN. Ejecución de una conducta.

ESTIMULAR. Presentar o aplicar señales para que una conducta sea emitida.

ESTÍMULO. Señal recibida por nuestros sentidos que puede ser indiferente, agradable, informativa o aversiva.

EXTINCIÓN DE LA CONDUCTA. Reducción significativa y estable de la frecuencia de una conducta.

FALSA EXTINCIÓN. Reducción de la frecuencia de una conducta durante un breve espacio de tiempo por consumo de un reforzador.

INTELIGENCIA. Repertorio de conducta útil para la supervivencia del individuo y el grupo.

MEMORIA. Facultad de imitar ciertos modelos de conducta (secuencias de sonidos musicales, verbales, actos cinéticos, etcétera).

MENTE. Abstracción referida al repertorio de conducta interna de una persona.

MOTIVAR. Crear con estímulos verbales un deseo de generar cierta conducta.

PAUSA POSREFORZAMIENTO. Al consumir un reforzador, los organismos dejan su conducta de busca o petición y descansan.

REFORZADOR. Contingencia agradable que gratifica una conducta.

REFORZAR. Aplicar reforzadores sobre una conducta. Esto incrementa la probabilidad de que vuelva a emitirse.

TEST DE INTELIGENCIA. Batería de preguntas para juzgar la riqueza y complejidad de la conducta de una persona.

VOLUNTAD (FUERZA DE). Facultad para ejecutar sin coacción una conducta poco agradable o esforzada. O para resistirse al impulso de lo que es agradable pero está prohibido.

VOLUNTAD DE HIERRO. Situación de extrema persistencia en la ejecución de conductas que requieren esfuerzos extraordinarios o que son peligrosas para la vida.

LECTURAS RECOMENDADAS

Humbling, Buckholdt y ALS. (1976). *Los procesos de humanización*. Barcelona: Fontanella.

Este libro está agotado. Pero me causó una gran impresión por los casos que describe y su amena redacción. Trata sobre mejora de la conducta estudiosa de los niños de barriadas, de la extinción de las conductas agresivas, de los autistas y otros casos muy interesantes.

Calero, M. D. (coord.) (1995). *Modificación de la inteligencia*. Madrid: Pirámide.

Se trata de una obra compuesta por siete autores diferentes. Es una obra para los estudiantes de psicología que no se amedrenten con la fuerte carga semántica y el formalismo técnico. Abstenerse los legos en psicología.

Cohen, R. (1983). *En defensa del aprendizaje precoz*. Barcelona: Planeta.

Tiene un estilo sensacionalista. La autora no discute conceptos básicos de la educación ni parece enterada de la modificación de la conducta. Sólo defiende las tesis de otros sobre las ventajas de la educación precoz.

Eysenck, H. J. E. y Kamin, L. (1990). *Confrontación sobre la inteligencia. ¿Herencia o ambiente?* Madrid: Pirámide.

Es una obra muy estimulante. En ella se discuten los tópicos más comunes sobre el origen de la inteligencia. Kamin, que es ambientalista, no menciona qué variantes influyen sobre la inteligencia.

Gelfand, D. M. y Hartmann, D. P. (1989). *Análisis y terapia de la conducta infantil.* Madrid: Pirámide.

Es un libro muy agradable de leer. Está pensado para estudiantes de psicología o para licenciados que quieren repasar los conceptos de la terapia.

Méndez, F. X. y Macià Antón, D. (coords.) (1991). *Modificación de conducta con niños y adolescentes.* Madrid: Pirámide.

Es una obra que recoge 21 temas sobre diversos problemas y fobias y está compuesto por varios autores. Los casos y la descripción de la terapia son claros.

Whaley, D. L. y Malott, R. W. (1988). *Psicología del comportamiento.* Barcelona: Martínez Roca.

Este libro tiene un grosor que ahuyenta a los lectores poco entrenados. Pero su redacción es muy agradable. Sabe exponer los conceptos básicos con un lenguaje sencillo y humorístico.

Nota: Los padres y maestros que tengan niños con problemas pueden encontrar un libro que les pueda ayudar en la colección de psicología *Ojos Solares* de Ediciones Pirámide.

BIBLIOGRAFÍA

Banyard, P., Cassells, A., Hartland, J. y otros (1991). *Introducción a los procesos cognitivos*. Barcelona: Ariel.

Beck, J. (1967). *How to Raise a Brighter Child. The Case for Early Learning*. Nueva York: Pocket Books.

Bereiter, C. y Engelmann, S. (1966). *Teaching Disadvantaged Children in Preschool*. New Jersey: Prentice-Hall.

Colom Marañón, B. R. (1996). *Orígenes de la diversidad humana*. Madrid: Pirámide.

Coopersmith, S. (1967). *The Antecedents of Self-Steem*. San Francisco: W. H. Freeman & Company.

Coriat, A. R. (1990). *Los niños superdotados*. Barcelona: Herder.

Dietrich, K. (1976). *Desarrollo intelectual de nuestros hijos*. Barcelona: Fontanella[1].

Durkin, D. (1966). *Children Who Read Early*. Nueva York: Teachers College Press.

Engelmann, S. y Engelmann, T. (1967): *Donnez a votre enfant une intelligence superieur*. París: Laffont.

Freinet, C. (1976). *El método natural de lectura*. Barcelona: Laia.

Freinet, C. (1976). *La enseñanza de las ciencias*. Barcelona: Laia.

Geldard, F. A. (1977). *Fundamentos de psicología*. México, D.F.: Trillas.

Gessell, A. y otros (1985). *El niño de 1 a 5 años*. Barcelona: Paidós.

---

[1] La editorial Fontanella hace algún tiempo que ha desaparecido.

Gibson, J. (1976). *Psicología educativa.* México, D.F.: Trillas.

Graziano, A. M. (1977). *Terapéutica de la conducta en la infancia.* Barcelona: Fontanella.

Ibuka, M. (1977). *Kindergarten is Too Late.* Londres: Souvenir Press.

Jay Gould, S. (1997). *La falsa medida del hombre.* Barcelona: Crítica (Grijalbo Mond.).

Kazdin, A. E. (1983). *Historia de la modificación de conducta.* Bilbao: Desclée de Brouwer.

Kelly, F. J. y Cody, J. J. (1972). *Psicología educacional. Un enfoque conductual.* Buenos Aires: Paidós.

Khalfa, J. (ed.) (1995). *¿Qué es la inteligencia?* Madrid: Alianza Editorial.

Leahey, T. H. (1992). *Historia de la psicología.* Madrid: Debate.

Martin, G. y Pear, J. (1992). *Behavior Modification.* Nueva York: Prentice-Hall, Inc.

Phillips, J. L. (1970). *Los orígenes del intelecto según Piaget.* Barcelona: Fontanella.

Piaget, J. (1969). *Psicología y pedagogía.* Barcelona: Ariel.

Piaget, J. (1972). *Psicología del niño.* Madrid: Morata.

Piaget, J. (1977). *La explicación en las ciencias.* Barcelona: Martínez Roca.

Pines, M. (1967). *Revolution in Learling. The Years from Birth to Six.* Nueva York: Harper and Row.

Silberbauer, G. (1983). *Cazadores del desierto. Cazadores y hábitat en el Kalahari*[2]. Barcelona: Mitre.

Skinner, B. F. (1953). *Science and Human Behavior.* Nueva York: MacMillan.

Skinner, B. F. (1973). *Tecnología de la enseñanza.* Barcelona: Labor.

Skinner, B. F. (1975). *Registro acumulativo.* Barcelona: Fontanella.

Skinner, B. F. (1989). *Más allá de la libertad y la dignidad.* Barcelona: Salvat.

Södergergh, R. (1977). *Reading in Early Childhood.* Washington, D.C.: Georgetown University Press.

---

[2] Este libro sobre los cazadores del Kalahari me sirvió para entender la servidumbre de la inteligencia respecto del ambiente.

Susuki, S. (1969). *Nurtured by Love. A New Aproach to Education.* Nueva York: Exposition Press.

Titone, R. (1976). *Bilingüismo y educacion.* Barcelona: Fontanella.

Walker, H. M. y Buckley, N. K. (1976). *Técnicas de reforzamiento con fichas.* Barcelona: Fontanella.

White, B. L. (1975). *The First Three Years of Life.* Nueva York: Prentice-Hall.

TÍTULOS PUBLICADOS